世直しの思想

鎌田東二

春秋社

世直しの思想　目次

世直しの思想

序章　「世直し」への希求と実践

いつごろからか、自分の一番やりたいことは「世直し」であると公言するようになった。たぶん元号が「平成」になった頃からだ。

その理由は、「平成」という元号にあった。昭和六十四年（一九八九）一月七日、第一二四代昭和天皇（一九〇一―一九八九）崩御の翌日の一月八日、小渕恵三内閣官房長官（当時）が記者会見で、「只今終了致しました閣議で元号を改める政令が決定され、第一回臨時閣議後に申しました通り、本日中に公布される予定であります。新しい元号は、『平成』であります」と宣言した報道を聞いて、わたしはすぐさま「平治」の元号を想起し、これから「保元の乱」（一一五六年）や「平治の乱」（一一五九年）が起こる「乱世」に突入するのではないかという嫌な予感を持ったのである。

ちなみに、この「平成」という元号の決定の過程は、東洋史学者など有識者への元号委嘱によって提案された「修文・正化・平成」の三案を「元号に関する懇談会」と衆参両院正副議長が吟味し、全員一致で「平成」を選び、臨時閣議で決定したという。その典拠は、『書経』の「地平天成」とも『史記』の「内平外成」であるとも言われている。だが、「平成」という時代は、その典拠の趣意から大きく外れ、「地平天成」「内平外成」ならぬ「地動天乱」「内動外乱」の大動乱の時代となったのではないか。

前著『現代神道論――霊性と生態智の探究』（春秋社、二〇一一年）の冒頭で、わたしはおおむね次のようなことを書いた。〈元号が「平成」（一九八九年一月八日）になった時から、それまでも主張していた「現代大中世」論（現代は中世の課題をいっそう拡大再生産したような困難の中にあるという時代認識）をさらに強く主張するようになった。慈円が言うように、世の中が「乱世」となり「武者の世」となっていくと直覚し、そのことを『朝日ジャーナル』での論文（一九八九年）や拙著『異界のフォノロジー』（河出書房新社、一九九〇年）や音楽家の喜納昌吉氏との共著『霊性のネットワーク』（青弓社、一九九九年）などで強調してきた。そこで、日本中世には律令体制が大きく崩れ、征夷大将軍という令外の官が権力の中心となって二重権力構造が生まれたが、現代は米国という「征夷大将軍」に制圧され守護された二重権力構造の中に日本はあると主張してきたのだった。

だがその主張は、当初、バブル崩壊前の元禄気分濃厚な時代風潮の中では何の説得力も持たなかった。が、ベルリンの壁崩壊（一九八九年）、ソ連崩壊（一九九一年）、湾岸戦争（一九九一年）、阪神淡路大震災（一九九五年）、オウム真理教事件（一九九五年）、酒鬼薔薇聖斗事件（一九九七年）、9・11ニューヨーク同時多発テロ事件（二〇〇一年）、アフガニスタン戦争（二〇〇一年）、イラク戦争（二〇〇三年）、スマトラ沖地震（二〇〇四年）、リーマンショック後の世界金融危機（二〇〇八年）、地球温暖化現象など、深刻度を増す事件や事態の勃発によって、次第に荒唐無稽とは言えない状況になってきた。

わたしが主張する現代大中世論とは、一言で言えば、四つのチ縁の崩壊現象とそれを踏まえた再建への課題を指している。それはまず、地縁・血縁・知縁・霊縁という四つのチ縁の崩壊現象として現れてくる。限界集落を抱える地域共同体やコミュニティの崩壊。家族の絆の希薄化と崩壊。知識や情報の揺らぎと不確定さ。「葬式は要らない」とか「無縁社会」と呼ばれるような先祖祭祀や祖先崇拝などの観念や紐帯や儀礼が意味と力を持たなくなった状況。物質的基盤から霊的・スピリチュアルなつながりまで、すべてのレベルでチ縁が崩落し、新たな効果的な再建策やグランドデザインを生み出せないでいるのが今日の現状である。

そのようなところへ、今回のM９の東日本（東北・関東）大地震が起こった。この前と後ではあらゆるものが変わった、変わってゆく、いや変わらなければならないと思う。今回の災害はこれまでの災害とは大きく異なる「巨大複合災害」で、今もそれが進行している。その中で、さまざまな破れと縫合の両方が発生し、もつれあい、ぶつかりあい、せめぎあっている。〉

そして、二〇一二年十一月には、このような「現代大中世論＝スパイラル史観」[1]に急かされるようにして「地球的危機と平安文明の創造」と題して、第三〇回比較文明学会学術大会と第八回地球システム・倫理学会の合同学術大会を京都大学で開催し、わたしが実行委員長を務めることになった。そして実行委員長挨拶として、学術大会「抄録集」におおむね次のような挨拶文を書いた。

〈「平成」という元号に変わったその日から、わたしは世界が「平成」とは反対の方に動いていくという、どうしようもない予感に捕われ、実に暗鬱な気持ちになった。それから四半世紀、事態は次々と予感を上書きし、留まることを知らない。地球温暖化、異常気象、人口問題、エネルギー問題、資源問題、さまざまなレベルでの格差が起こり、「収奪文明」がもたらす数々の「地球的危機」が押し寄せる中で、どのような持続可能な「還流的平安文明」(循環調和型の平らかで安らかな、平和・安心・安全・安寧の文明)を創造し構築できるのかが問われている。そのような折、比較文明学会と地球システム・倫理学会の合同大会では、持続千年首都「平安京」という名を持つ「みやこ」京都で世界各地の「都」が地震・津波・噴火・寒波・熱波・洪水・台風・エルニーニョ・ハリケーン・ツイスターなどの諸「災害」をどう受け止めながら生き抜いてきたのかを具体的に検証し、「災害」に立ち向かう「みやこ」の比較文明論を討議する。

地球システム・倫理学会は、さまざまな「地球問題群」を学問的に討議しつつその解決策を探り具体的実践へとつなげていく「地球と人類の未来を考え実践する会」で、新しい「地球主義と平和」を希求し、「地方から地球へ、競争から共生へ、エゴからエコへの枠組転換」と「物と力の僕《しもべ》としての知識から心と命の主《あるじ》としての智恵(普遍的真理、実践的倫理)への転換」をはかる学術機関であることを目指してきた。「地球的危機と平安文明の創造」を考え実施して行く際に、「地球問題群」の中で「心と命」を表わす「言葉」の問題を取り上げることは必須である。文明と文化の危機は、そこに生きる人々の「言葉」の危機として表われてくるからだ。その言葉の問題を根本のところから掘り下げ、「日本語」の「いのち」と「ちから」を、歴史・伝統知ないし古典の再検証と現状の再確認を踏まえつつ、再発見・再措定する。〉

この時の学術大会でわたしは、比較文明学会では「持続千年首都・平安京の生態智」と題する講演を、地球システム・倫理学会では「神話と歌にみる言霊思想」の報告を行なった。災害が多発する逆境の中で力強く生き抜いていくには、そこにおける「生態智」の実現と「言霊」に集約される言葉の力が必要だと心底思っていたからだ。

そのような考えは二〇一二年秋の合同学術大会から、まる三年以上が経った今もまったく変わっていないどころか、いっそう強固になっている。この間に、「11・13」すなわち二〇一五年十一月十三日の金曜日の夜、パリ同時多発テロが起こり、ＩＳ（イスラム国）との戦争はいよいよ激しくなってきている。

そうした中でいよいよ「世直し」の探究と実践の第二第三段階に突入しなければという思いを強くし、理事長を務めているＮＰＯ法人東京自由大学では、一昨年度（二〇一四年度）から「世直し講座」を始めた。また、「世直し」を念頭に置きながら、企画・編「講座スピリチュアル学」全七巻（ＢＮＰ）を構想し、すでに第一巻「スピリチュアルケア」、第二巻「スピリチュアリティと医療・健康」、第三巻「スピリチュアリティと平和」、第四巻「スピリチュアリティと環境」、第五巻「スピリチュアリティと教育」を刊行し、続けて二〇一六年七月までに、第六巻「スピリチュアリティと芸術・芸能」、第七巻「スピリチュアリティと宗教」を刊行する。

日本の宗教史において、この「世直し」という言葉がリアリティを持っていたのは幕末維新期であった。その流れを受けた大本教（一般には「大本教」と呼ばれているが、正式教団名は「大本」）などの「民衆宗教」でも「世の立て替え立て直し」とか「世直し」の語が喧伝され、社会変革の運動となった。

「世直し」という言葉はもともと「縁起直し」の意味で用いられ、江戸時代には「世直し大明神」も祀られたという。たとえば、「世直し大明神」とされたのは佐野善左衛門政言《さのぜんざえもんまさこと》という旗本であった。天明四年（一七八四）、老中田沼意次《たぬまおきつぐ》の子、若年寄の田沼意知《おきとも》が江戸城中で佐野政言に斬りつけられ、数日後に死去するが、田沼意次の圧政に苦しんでいた江戸の庶民は、切腹を命じられた佐野政言を「世直し大明神」として祀った。この頃、各地の騒動や打毀《うちこわし》の際に「世直し大明神」が担ぎ出されることになり、幕末維新期の騒動や打毀も「世直し大明神」の神意に基づく庶民の側からの制裁であるとされたというのである。

　また、幕末維新期の民衆宗教の一つである天理教を、「心直し」をすることで「世直し」を実現する運動だと見るのが島薗進や小澤浩である。現在も天理教では、教祖中山みきが教えた「みかぐらうた」に基づいて「悪しきをはろうて助けたまえ、天理王の命」と歌い踊るが、「みかぐらうた」にはもともと十一通りの「つとめ」（①をびやづとめ、②一子のつとめ、③ほうそづとめ、④ちんばのつとめ、⑤はえでのつとめ、⑥肥のつとめ、⑦雨乞いつとめ、⑧雨さずけのつとめ、⑨虫払いのつとめ、⑩みのりのつとめ、⑪むほんづとめ）があって、その最後の「むほんづとめ」が「あしきを払うて　どうぞ／むほん／すっきり早く／おさめたすけたまえ／天理王命／南無天理王命／南無天理王命（七回繰り返す）」であったという。この「むほん」が「世直し大明神」の一人

（一神）ともされた大塩平八郎の乱との関係を示唆しているという研究があるが、池田士郎は、「武装蜂起の相次ぐ混乱した世の中で、教祖は、平和をもたらすためには、何よりもまず人びとの心の落ち着きが求められることであり、そのためには個々の人びとの安全を保障する稔りと健康への安心感を、『つとめ』という歌と踊りの力で人びとに実感できるように教えた」と述べている[2]。

「世直し」を実現するためには、「あしき（悪しき）を払う」必要がある。その「払う」べき「悪しき」とは何か？　これについては本書でさまざまな角度から見ていくこととして、「天理、金光、黒住、妙霊、先走り、とどめに艮《うしとら》の金神《こんじん》が現はれて、世の立替を致すぞよ」と、天理教を嚆矢として「世直し」宗教が次々と現れ、最後のとどめとして「艮の金神」が現われて「世の立替え」を行なうと説いたのが、大本の出口なおの「筆先」（『大本神諭』）であった。

そこでは、「三ぜん世界一同に開く梅の花、艮の金神の世に成りたぞよ。梅で開いて松で治める、神国の世になりたぞよ。日本は神道、神が構はな行けぬ国であるぞよ。外国は獣類の世、強いもの勝ちの、悪魔ばかりの国であるぞよ。日本も獣の世になりて居るぞよ。外国人にばかされて、尻の毛まで抜かれて居りても、未だ眼が覚めん暗がりの世になりて居るぞよ」と世界一同開花宣言が力強く展開されている。そして続いて、「是では、国は立ちては行かんから、神が表に現はれて、三千世界の立替へ立直しを致すぞよ。用意を成されよ。この世は全然、新つの世に替へて了ふぞよ。三千世界の大洗濯、大掃除を致して、天下太平に世を治めて、万古末代続く神国の世に致すぞよ。神の申した事は、一分一厘違はんぞよ。毛筋の横巾ほども間違いは無いぞよ。

これが違ふたら、神は此の世に居らんぞよ」と、「三千世界の立替へ立直し」が告げられている。

そして、「『東京で仕組を駿河美濃尾張大和玉芝国々に、神の柱を配り岡山』天理、金光、黒住、妙霊、先走り、とどめに艮の金神が現はれて、世の立替を致すぞよ。世の立替のあるといふ事は、何の神柱にも判りて居れど、何うしたら立替が出来るといふ事は、判りて居らんぞよ。九分九厘までは知らしてあるが、モウ一厘の肝心の事は、判りて居らんぞよ。三千世界の事は、何一とつ判らん事のない神であるから、淋しく成りたら、綾部の大本へ出て参りて、お話を聞かして頂けば、何も彼も世界一目に見える、神徳を授けるぞよ」と、明治二十五年（一八九二）旧正月の筆先に宣言されたのである。

このように、「三千世界の大洗濯、大掃除を致して、天下太平に世を治めて、万古末代続く神国の世に致す」と出口なおは筆先に書き記した。それはどのような「国」であり、「世」なのか？　これもまた第一章以下で見ていくとして、わたしの研究室の机の前の壁には、次のような出口なお自筆の筆先が架けてある。研究室に行くたびにそれを見てから仕事を始める。そこには、

うしとらのこんじん
のこらずのこんじん
りうもんのをとひめさま
すわのかみさま
あめのかみさま

かぜのかみさま
あれのかみさま
じしんのかみさま

と「八神」の名が記されている。

質朴な、すべてがひらがなのこの「お筆先」の掛け軸を見るたびに、心が安らぐと同時にきりりと引き締まる思いがする。この中に込められた出口なおの「世直し」の希求とそれを促す大地や自然の神々の息吹きを感じるからである。

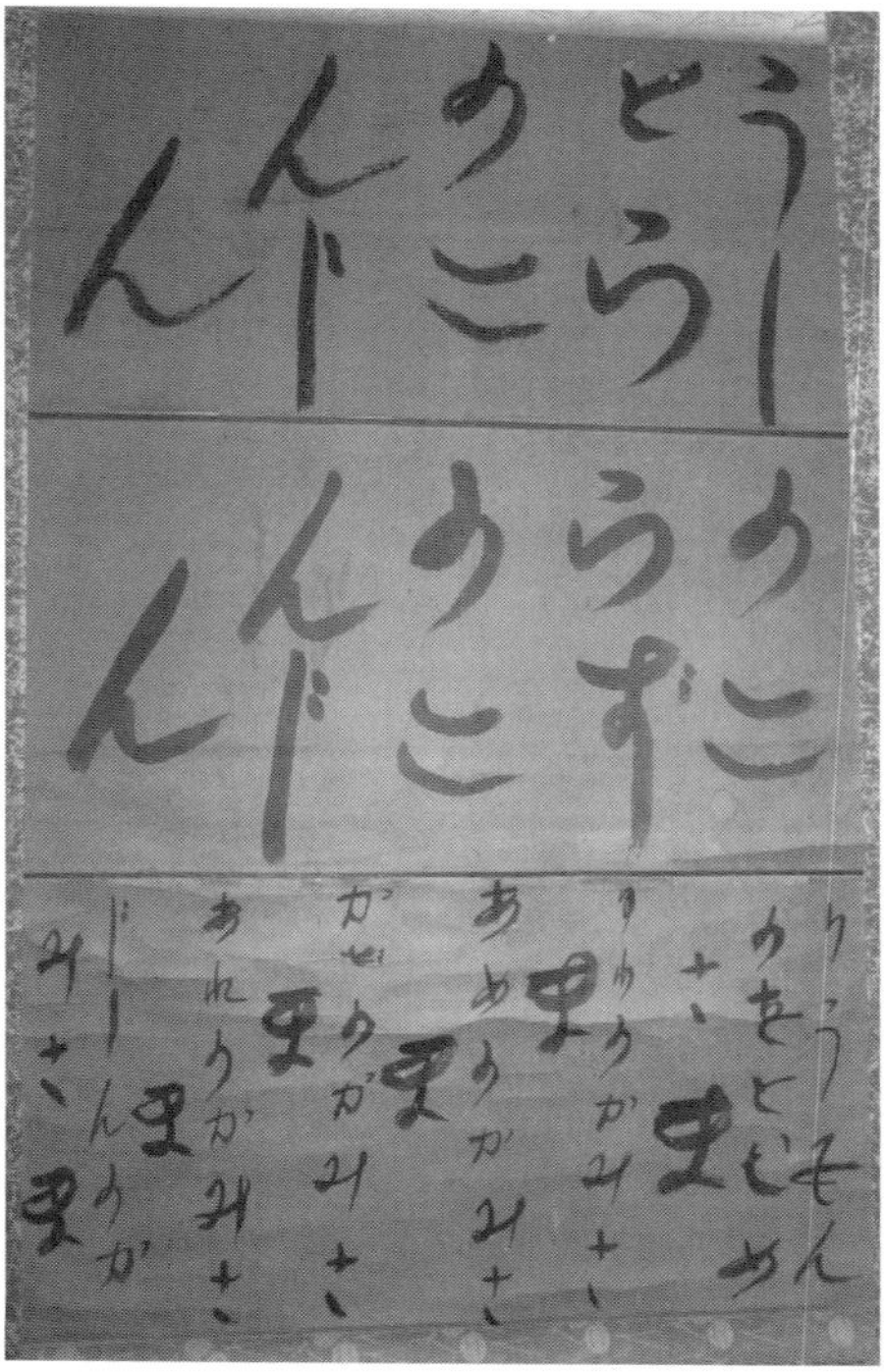

出口なおの筆先

その「神々」の中には、主神である「うしとらのこんじん（艮の金神）」ばかりでなく、「のこらずのこんじん（残らずの金神）」「りうもんのをとひめさま（龍門の乙姫様）」「すわのかみさま（諏訪の神様）」「あめのかみさま（雨の神様）」「かぜのかみさま（風の神様）」「あれのかみさま（荒れの神様）」「じしんのかみさま（地震の神様）」という自然神格の「神々」が記されている。

出口なおが感得している「世直し」の神々の中に素朴な自然神が何柱も含まれていることに、わたしは感動し、納得する。雨の神も、風の神も、荒れ狂う神も、地震を引き起こす神も、さらには噴火する神もすべてを総動員して「世直し」をしていくというビジョンが内包されていると感じるからだ。

二〇一四年九月二十七日十一時五十二分、木曽御嶽山が噴火し、死者五十七名、行方不明六名という、噴火による戦後最大の人的被害をもたらした。この御嶽山の噴火を含め、地震列島・火山列島・台風列島日本の「自然災害」による大被害は続いている。今後もこのような「自然災害＝自然現象」が止むことはないだろう。それどころか、もっともっと激烈になり、人間的な目から見れば「被害」が累積されるであろう。火山学者の鎌田浩毅が「大地動乱の時代」と指摘しているが、わたしたちにできることは科学的な知識を踏まえた備えと覚悟であろう(3)。

木曽御嶽山が噴火した翌々日の九月二十九日付の朝日新聞朝刊記事を読んで違和感を感じたわたしは、同日、「自然と畏怖と畏敬」と題した短文を朝日新聞の「声」欄に投書した。噴火二日後の九月二十九日の「天声人語」に、「美しい神々しい信仰の山が突如、牙をむいた」とか「大量の火山灰が頂上付近にいた人々に襲いかかった」とか「畏怖を忘れるな」という一節があるのを読み、山が「牙をむいた」とか、火山灰が「襲いかかった」という言い方の中に潜む「人間中心主義」こそが「畏怖」を忘れた心ではないか、「畏怖」とは「畏敬」や神の山の力に対する

「感謝」と裏腹のものではないかと書いて投稿したのだ。

これを書いた時点で死者は四名と報道されていた。投稿した翌日の朝日新聞朝刊社会面にはふたたび「牙をむいた山」という見出しが大きく掲げられていた。それを見て投書はボツになると予測したが、その通りになった(4)。

一九九六年十月、伊豆大島の三原山噴火十周年の催しで、大島町教育委員会主催の「火山のコスモロジー――『御神火』と生きる」というシンポジウムや大野焼きフェスティバルを企画した者として、自然は恐ろしいという「自然畏怖」と、それゆえこその「畏敬・尊敬」の念を訴える必要があると思ったのである。出口なおが「筆先」に書いたように、「あめのかみさま（雨の神様）」「かぜのかみさま（風の神様）」「あれのかみさま（荒れの神様）」「じしんのかみさま（地震の神様）」に加えて、「ひのかみさま（火の神様）」「ふんかのかみさま（噴火の神様）」も書き記されるべきであろう。

現代世界において、人間だけに都合のよい「世直し」を実現するだけでは真の「世直し」とは言えまい。かつて「人類愛善会」を作った出口王仁三郎の「人類」とは、「人群万類」を意味したという。つまり、大本の説く「愛善世界」とは、「万教同根」思想に基づき、戦争のない世界のみならず、人種や宗教間の敵愾心を超えて和み合い、動物も植物も、草木花に至るまで万物がみな親和し合う「人群万類愛善」であった。「三千世界の大洗濯、大掃除」という「世（三千世界）」の「立替え立直し」や、「新つ世」や「神国の世」という「元の世」の到来を説き、「霊主体従」を説いた大本の「世直し」運動は、天理教の「世直し」運動と並んで、もう一度「世直し」を根本のところから考え直し構想し直していく際の重要な先駆モデルである。

本書『世直しの思想』は、東日本大震災や巨大台風や御嶽山噴火を踏まえて、「災害と宗教と世直し」をつなげながら、過去・現在・未来の問題として論じたい。「世直し」は綺麗事ではないのだ。もう後はないところまで来ている。そんな切羽詰まった心境であるが、この二十年来、「楽しい世直し」を提唱して来た者として、どんな苦境にあっても、「楽しさ」の創造と探究とユーモアの表現を忘れてはならないと、いつも思っている。

（1）「スパイラル史観」とは、古代と近代、中世と現代に共通の問題系が噴出しているとして、近代と現代を古代と中世の問題系の螺旋形拡大再生産の時代と見て取る史観の提示である。古代と近代の共通項とは、巨大国家の確立、すなわち帝国の時代の到来であった。古代帝国と近代国民国家の確立の中で覇権を争い、中央集権的な国家体制の確立を見、植民地支配を含む「帝国化」の過程が進んだのが、古代と近代の特性である。対して、中世と現代には、二重権力や多重権力に分散し、権力と社会体制の混乱が深刻化する。日本では、源平の合戦や南北朝の乱や応仁の乱が続き、朝廷・天皇と幕府・征夷大将軍という二重権力体制が進行し、西欧においても十字軍の戦乱により教会と封建諸侯に権力分散していくが、この時代はまた、宗教と霊性・スピリチュアリティが自覚的に捉えられた時代で、日本では一向一揆などが起こり、現代のパワースポットブームにも該当するような蟻の熊野詣や西国三十三ヶ所などの聖地霊場巡りが流行した。同時に、この時代に「無常・無縁」が時代的キーワードともなっている。政治経済や文化面だけでなく、自然そのものが繰り返し猛威を振るい、対策を講じがたい疾病が流行する。そんな「乱世」に突入しているのが「中世〜現代」という時代である。

このような「現代大中世論＝スパイラル史観」とは別の文脈で、ヘドリー・ブルの『国際社会論――アナーキカル・ソサイエティ』（岩波書店、二〇〇〇年、原題：The Anarchical Society: A Study of Order in World Politics, Macmillan, 1977）や田中明彦『新しい「中世」――二一世紀の世界システム』（日本経済新聞社、一九九六年）などの「新中世」「新しい中世」という現代世界論が展開されている。ヘドリー・ブルは「新中世主義」として、①国家の地域統合、②国家の分裂、③私的な国際的暴力の復活、④国境横断的な機構、⑤世界的な技術の統一化という五つの特徴を指摘し、「決定的に重要な問題は、こうした『その他の団体』（other associations）によってなされる領土と市民に対する国家の主権ないし最高性への侵害が、国家の最高性を非現実的なものとし、主権概念からその効用と存在可能性を奪うほどのものであるかどうかである」（三一七頁）と述べているが、ＩＳ（イスラム国）の台頭などを考えれば、きわめて重要な指摘であったといえる。田中明彦は、「中世」における主体の多様性とイデオロギーの普遍性が、「新しい中世」においては、①非国家主体の重要度の増大、②イデオロギー対立の終焉となり、③経済相互依存という点で大きく異なると指摘している。

そこでは、ポストモダンの世界においては、経済活動を中心に世界はきわめて複雑に相互依存化しつつも、その隙間を縫って主権国家以外の間国家的・超国家的諸組織の活動が増大し、統治権力や権威が分散的かつ相互依存的に分散する「新しい中世」が生まれ混沌（アナーキー）化してきているということである。近年、池内恵も現代のアラブ・イスラーム・中東諸国の動向を踏まえて「新しい中世」論を展開している。

（2）「世直し」の語や概要については、佐々木潤之助『世直し』（岩波書店、一九七九年）、「心直し」と中山みきおよび天理教については、島薗進『現代救済宗教論』（青弓社、一九九二年）、同『精神世界のゆくえ――現代世界と新霊性運動』（東京堂出版、一九九六年）、小澤浩『中山みき――「心直し」から「世直し」を説いた生き神教祖』（山川出版社、二〇一二年）、池田士郎『中山みきの足跡と群像――被差別民衆と天理教』（明石書店、二〇〇七年）、熊田一雄「天理教教祖と『暴力』の問題系」（『愛知学院大学文学部紀要』第37号、二〇〇八年）、参照。佐々木は前掲書の中で、「（佐野）善左衛門・（松平）定信それ自体が直接に世直し神とされたのではなくて、米価下落が田沼意次《（ママ）》刃傷事件の直後にあったことや、定信に期待されたことによっているのである。世直しとは、都市では直接には米価問題と結びついていたのである。そして、その米価問題という枠をぬけ出ることができなかったために、世直しは都市打ちこわしの運動理念となることができなかった」（一四頁）と述べている。また島薗は『精神世界のゆくえ』の中で、「新宗教の心なおしでは、他者との関係をどう変えていくかに大きな関心が向けられた」（一九五頁）と述べ、さらに、「自己変容の『気づき』が社会のビジョンをはらんでいるはずだという認識は、多くの新霊性運動参加者に分け持たれている」（一九六頁）と述べている。

（3）　鎌田浩毅『西日本大震災に備えよ――日本列島大変動の時代』（PHP研究所、二〇一五年）、鎌田浩毅監修『せまりくる「天災」とどう向きあうか』（ミネルヴァ書房、二〇一五年）他。

（4）　朝日新聞「声」欄に投稿したのは以下の文章である。「御嶽山が噴火し、登山していた方が亡くなり、重軽傷を負った方々も多数いる。心より哀悼の意を表し、お見舞い申し上げます。／噴火の二日後の九月二十九日付け朝刊の「天声人語」に「美しい神々しい信仰の山が突如、牙をむいた。」「大量の火山灰が頂上付近にいた人々に襲いかかった。」「畏怖を忘れるな。」という一節があるのを読んで、違和感をおぼえた。／山が「牙をむいた」とか火山灰が「襲いかかった」という言い方の中に潜む「人間中心主義」こそ「畏怖」を忘れた心ではないか。「畏怖」とは「畏敬」や神の山の力に対する「感謝」と裏腹のものではないか。／伊豆大島では三原山の火を「御神火」として畏れ敬い崇めた。「ちはやぶる神」の人智を越えたふるまいとして畏れ敬った。「御神火」が深いところから島や海を活性化する大自然の活動であり循環であることを知って、「御神火」と共に生きる知恵と活力を生み出した。自然災害多発の時代に必要なのは、そのような心と知恵ではないだろうか。」その後、わたしは朝日新聞大阪本社のインタビューを受け、二〇一四年十一月十日付夕刊文化欄に、「御嶽山心の痛みに向き合うには」というインタビュー記事が掲載されることになった。

第一章　世直しの思想

第一節　大本の「二度目の世の立替え」

「世直し」を前面に掲げて活動を展開した宗教教団は大本である。大本では「世直し」のことを、先に引いた筆先に「神が表に現はれて、三千世界の立替へ立直しを致すぞよ」とあるように、「世の立替え立て直し」とか、「三千世界の大洗濯、大掃除」と呼んでいる。

その大本には、二人の大変個性的で対極的な教祖がいる。出口なお（一八三七―一九一八）と出口王仁三郎（一八七一―一九四八）である。

出口なおは天保の大飢饉の年の天保七年（一八三七）一月二十二日に生まれ、第一次世界大戦が終結する大正七年（一九一八）十一月六日にこの世を去った。飢饉と戦争の交錯する激動の時代の中で、「世直し＝世の立て替え立て直し」をする神の声を、筆先を通して届けたのが出口なおであった。その筆先のメッセージは、隠れていた元の神「艮《うしとら》の金神《こんじん》」がこの世に再び立ち現れて「世の立替え立て直し」や「大洗濯」や「大掃除」を行なって、「神国の世」「水晶世界」を実現するという、終末論的な理想国土実現の「世直し」のビジョンであった。

そもそも、幕末維新期に「世直し」「世直り」（主に地震のこと）という言葉や「世直し大明神」という言葉がよく使われたのは、多くの人々の社会変革への強い希求があったからであった。そのような時代状況下、明治元年（一八六八）に新政府は「祭政一致」の制を復活し、全国の諸神社を「神祇官」に所属させ、「神仏分離令」（神仏判然令、太政官布告第一九六号）を発布する。この神仏分離令は、江戸時代から神仏分離の動きがあったとはいえ、それまでの神仏あるいは神儒仏習合的な神仏観に改変をもたらす強力な上からの宗教改革であった。

そしてそれに伴って、各地に巻き起こった廃仏毀釈運動により、神仏習合文化を強く体現していた修験道や密教的仏教は大きな打撃を受けた。このような、「上からの神観革命」に対して、すでに産声を上げていた金光教や天理教やその後に登場する大本はどのような「下からの神観革命」を展開したのか。概括して言えば、それは、忌み嫌われたり、排除されたり、隠退していた「元の神」が表に現れて世界を救済するというビジョンの表出であった。

神仏分離令という上からの神観革命により、明治五年（一八七二）に修験宗は廃止された。だが他方では、西洋諸国からの「信教の自由」や「政教分離」思想の流入と圧力によりキリスト教が解禁され、布教活動が公認された。七世紀から八世紀にかけて唐をモデルにして古代律令体制をしいた日本は、以来、荘園制や征夷大将軍を始めとする令外官や武士政権の確立など大きな変容をとげながらも、一二〇〇年にわたって天皇制や神祇制度や神仏補完体制を変えることはなかったが、明治維新期に大胆なモデルチェンジを試みた。

ペリーの黒船来航によって開国を迫られた日本は、西洋列強国の植民地支配に組み込まれるのを退けつつも、その影響下に入ることを余儀なくされた。幕末期には、水戸学や国学に後押しされながら尊王攘夷運動が盛り上がりをみせたが、結果的には、なし崩し的に開国し、怒涛の如く西洋文明が流入して、その対応と対策に右往左往せざるをえなかったのが十九世紀末の近代日本であった。

それが明治維新の「王政復古」という奇怪な復古路線と、「文明開化」という革命路線との相互乗り合わせとなる、「復古維新」のキメラ的近代日本を生み出すこととなった。王政復古とは律令体制の古制と本義に戻ることで、建前上は、太政官よりも神祇官を上に置く祭政一致の理念に結実した。

が、これはもはや時代遅れの体制となり、産業革命後の帝国主義支配の十九世紀的現実に太刀打ちできるものではなかった。実際、明治四年（一八七一）に「神祇官」制度は廃止され、「神祇省」という一省に格下げされ、その一年後の明治五年には神祇省も廃止され、またもや「教部省」に格下げされた。それに伴って「大教院」が新設され、全国の社寺等を「小教院」とし、「三条教則」（敬神愛国・天理人道・皇上奉戴）を国民教化の旗印とする教部省通達第九号が出された。

この時、教部省に無給の職として教導職が設けられ、大教正から権訓導までの十四級が組織された。教導職は神道と仏教の合同で、東京に大教院、地方に中教院を置き、各神社・各寺院を小教院とし、大教宣布活動の拠点とし、各寺社で氏子や檀信徒を集めて三条教則や十一兼題や十七兼題を説教したり講義したりしたのである(1)。

明治維新政府は、教部省を設置して、これらを国民教化の旗印にしたのであるが、その実施と効果のほどは未成熟のまま終わり、明治八年(一八七五)にはその大教院も解散させられ、新たに「神道事務局」が設置された。明治十年(一八七七)には教部省も廃止され、「内務省」社寺局が「神道事務局」の事務を引き継ぐ形となった。

このような神社行政や宗教政策の目まぐるしい転変の果てに、王政復古と文明開化という二極の特異な体制は、明治二十二年(一八八九)二月十一日に発布された「大日本帝国憲法」に近代日本の現実の独自の決着を見た。よく知られているように、その冒頭には、大日本帝国は天皇が「大元帥」として「総覧」し、その地位は「神聖不可侵」であることが明記されている。

政治の表舞台でのこのような変貌を横目に、他方で幕末維新期にあっては、民衆「世直し」運動が民衆宗教の活動として活発な動きを見せていた。序章で述べたように、それを出口なおの筆先は、「天理、金光、黒住、妙霊、先走り、とどめに艮の金神が現はれて、世の立替を致すぞよ」と表現したのである。

江戸時代後期に生まれた黒住教(一八一一年立教)・天理教(一八三八年立教)・金光教(一八五九年立教)の三教は、黒住宗忠(一七八〇—一八五〇)、中山みき(一七九八—一八八七)、赤沢文治(一八一四—一八八三)の独自の宗教体験により得られた教えや生活実践に基づく民衆宗教活動で、混乱と逼迫の中で変革を希求する幕末維新期の民衆の心をとらえた。

だがその宗教活動は、転変する明治政府の宗教政策の中で、時には妨害や迫害を含む強制的制約を受けつつも、明治十五年（一八八二）、神道事務局から、神道神宮派、大社派、扶桑派、実行派、大成派、神習派、御嶽派が特立し、派名を改めて、神道黒住教、神宮教、大社教、扶桑教、実行教、大成教、神習教、御嶽教などの教名を名乗ることも許可された。こうして、後に天理教や金光教もあわせて、「教派神道十三派」に属する神道系宗教教派として公認されることになる。さらにこの明治十五年には、中山みきが『泥海古記』を口述し始め、また神宮皇學館と、國學院大學の前身となる皇典講究所が設立された。「神道」界に大きな変化が起こり、各教派組織の確立や学問的探究と教育機関の設立が相次いで起こった。

しかしこの時、「神社」はこうした「教派神道」や「宗教」の範疇には含まれず、国家の祭祀ないし国民道徳の場として特立され、国家管理体制下に入る。こうして、「神社（神道）」の「非宗教化」と「教派神道」の「公認宗教化」が同時並行で進行したのである。

このように、明治期の神道は、いわゆる国家神道（神社神道）と教派神道（宗派神道・宗教神道）に二極分解した。それは神道としてはいびつな展開であった。前者は「宗教でない神道」、後者は「宗教としての神道」と明治政府から位置づけられ、法的基盤を与えられ、制度化されたのだから。

なぜともに、「神道」という名称が使われながら、一方は「宗教」でなく、もう一方は「宗教」であるのか。「宗教でない神道」と「宗教としての神道」の違いはどこにあるのか。その違いの目安は、第一に、教祖と呼ばれるリーダーがいるかどうか、第二に、教義があるかどうか、第三に、教団としての組織や活動があるかどうか、の三つであろう。

この明治期の神道を、大きく「伝承系神道」と「世直し系神道」に二大別することができる。「伝承系神道」とは、神社や神仏習合して伝承されてきた習俗性を多分に持った神道である。いわゆる教派神道の中にもそうした伝承系神道が多くある。例えば、出雲大社教や神道大成教がその代表格であるが、他にも禊教、神理教、神習教、神道修正派、神道大教（神道本局）などがある。また、富士講や御嶽信仰などの講社信仰を継承・再編した伝承系教派神道として、実行教、扶桑教、御嶽教がある。

こうした角度から見ると、教派神道と言っても、その多くは神社信仰や国学・古学などの学問や講などの民間信仰に基づいて成立してきたもので、神社信仰ないし神社神道と切り離しがたい部分を持っている。これを非宗教の国家管理神道（神社）と宗教の教派神道に強引に分けるのだからかなりな無理があり、制度上においても思想上においても混乱があった。

それに対して「世直し系神道」は、教祖（開祖）の特異で強烈な宗教体験や神体験から始まっており、回心にも似た劇的な人格転換を伴っている。黒住宗忠によって創唱された黒住教、中山みきによって創唱された天理教、赤沢文治によって創唱された金光教などは、そうした「世直し系神道」である。自分を直し、人を直し、世を直す。それは、それぞれの宗教体験に基づいて感得された神の力に依拠する人間と社会を作ろうとする宗教運動であった。この「世直し系神道」には、伝統的な神観には収まりきらない教祖独自の神体験とそれに基づく神観があった。教祖自身が神と一体化したり、神の分身であるという強烈な自覚を持っている。したがって、ここには仏教やキリスト教にも似た創唱性があり、強い布教的・伝道的性格を帯びることになる。

黒住教は、太陽神・天照大神を主神とする信仰を持つが、それは黒住宗忠が天照大神と一体化し、「生き通し」になったという宗教体験に基づいている。皇祖神としての天照大神を教祖自身の体験世界に内在化させるという信仰と教義を確立したという点で、黒住教は記紀神話という古典の中に閉じられていた神を民衆の宗教体験の世界に解き放った。

天理教の中山みきもまた天理王命という独自の神を創出し、金光教の赤沢文治（金光大神）も天地金乃神という、変容し宇宙根源神化した艮の金神を創出した。それは新たなる神の世界の示現であり、民衆の世直し願望に期待とビジョンと生き方の指針（たとえば「陽気ぐらし」など）を与える信仰であった。

しかしその特異な神観は、時には政府と対立し、信教の自由の中で一定の自由を保障されたものの、安寧秩序を妨げず臣民たるの義務に背かない限りで信教の自由を認めるとした帝国憲法下でも、制約と制限を受けることになる。「世の立替へ立直し」を訴えた「世直し系神道」の代表格ともいえる大本は、教派神道十三派以降に成立した神道系新宗教であるが、その神観とそれに基づく社会変革の思想と運動は二度にわたる官憲の弾圧を受けることになった。

これらの教派神道は、一方で明治政府の保護と保障を受け、体制を補完する役割を果たすと同時に、もう一方でその体制を内部から食い破る起爆力をも持っていた。大本が弾圧されたのも、両義的でありつつ侵食する爆発的な運動性に、官憲が危険を感じたがゆえであろう。
このように、教派神道が確立した明治時代は、「宗教」が社会の中でどのような折り合いをつけるのか試行錯誤された時代であった。結局、そこで「宗教」として認知され、安寧秩序を妨げない限りでの信教の自由を認められた公認宗教は、仏教各宗派、キリスト教各宗派、そして教派神道十三派であった。それ以外は「非宗教」か「擬似宗教（類似宗教）」に属した。もちろん、その時、神社は「宗教」ではなく、「国家の祭祀道徳」とされ、大本のような宗派は、「擬似宗教（類似宗教）」扱いされたのである。

明治期の近代天皇制国家の形成期にあって、「祭・教・学」の分離が図られ、「祭祀」を施行する神社は宗教ではなく祭祀執行機関とされ、「教義」を布教する教派神道十三派は宗教とされ、「学問・教学」は神宮皇學館や東京帝国大学講習科や皇典講究所で講究されるという分立が図られた。

確かに、神社は明確な教義や教団組織を持たない。教典もない。教祖もいない。その意味で、教祖・教典・教義・教団を持つ仏教やキリスト教や教派神道とは明らかに違う。それは本質的に「伝承的なもの」である。しかし、たとえば、出雲大社＝非宗教と出雲大社教＝宗教＝教派神道の一派というように、同じ「神＝大国主神」を奉斎しながら、どちらか一方が「宗教」であり、どちらか一方が「宗教でない」とするのは矛盾である。両者を違うものと見なすのは、論理的に破綻している。そこが曖昧なまま、無理な分離と分類と制度化を図ったのが明治期の宗教政策であり、神道政策であったといえる。

明治期の神道や「宗教」は激動する国家再編期にあって、その中で制度的に再編整理されていったために、混乱と無理な分離や独立が図られた面が多々あった。

そうした幕末維新期の教派神道十三派の活動の周縁に、出口なおと出口王仁三郎が登場することになるのは、明治二十五年（一八九二）以降のことであった。そして概括して言えば、明治期の出口なおの宗教活動は、「大本」の宗教的ビジョンの「開花」宣言と開花期の苦難、大正期の出口王仁三郎の「大正維新」運動は、その「満開」宣言と全面展開の挫折であった。

出口なおは、「三千世界」に花開く「神の世」の到来を告げる預言者であった。そこでは、日本は「神国」で、外国は「獣類」と排他的に二極化されている。が、その本来「神の国」である日本も、西洋の国々に「化かされて、尻の毛まで抜かれて」、「強いもの勝ち、悪魔ばかりの国」のように、「獣の世」になってしまっている。だからこそ、この状態から目覚め、刷新するために、「大洗濯、大掃除」をして「新《さら》つの世」に変えて、「万古末代続く神国の世」にすると神意を告げる。そのような神意のベクトルが、「天理、金光、黒住、妙霊、先走り、とどめに艮の金神が現はれて、世の立替を致す」と筆先に述べられているように、「世直し系宗教」の到来であり、最後の「とどめ」が、「世の立替」をする大本の「艮の金神」であると主張されるのである。

この出口なおの筆先には、「東京は元の薄野《すすきの》になるぞよ。永久《なごう》は続かんぞよ。この世の鬼を往生さして、外国を、地震雷火の雨降らして、たやさねば、世界は神国にならんから、昔の大本からの仕組みが成就いたす時節が廻りてきたから、苦労はあれど、バタバタと埒《らち》をつけるぞよ」とか、「からと日本の戦いがあるぞよ。このいくさは勝ち軍《いくさ》、神が蔭から、仕組みがいたしてあるぞよ。神が表に現れて、日本へ手柄いたさすぞよ。露国から始まりて、もう一と戦があるぞよ。あとは世界の大たたかいで、これから段々わかりて来るぞよ。日本は神国、世界を一つに丸めて、一つの王で治めるぞよ。そこへなるまでには、なかなか骨が折れるなれど、三千年余りての仕組みであるから、日本の上に立ちておれる守護神に、ちっとわかりかけたら、神が力をつけるから、大丈夫であるぞよ。世界の大峠を越すのは、神の申すように、素直にいたして、どんな苦労もいたす人民でないと、世界の物事は成就いたさんぞよ。神はくどう気を附けるぞよ」などという、将来起こる戦争や地震や災害とも受け取れる言葉が記されているので、これらの文言は予言として終末論的な解釈を生み出したり、象徴的な意味付けがなされることにもなった。

明治三十八年旧四月十六日の筆先には、「今度の二度目の天の岩戸開き」という『古事記』の天の岩戸の物語の続編が起こっていることが述べられ、また、大正四年旧十二月二日の筆先には、「二度目の世の大革正《たてかえ》」のことが述べられている。そして、その「二度目の世のたてかえ」は「戦争と天災」ですむようなたやすいことでない、「総曇り」になっている「身魂」をきれいにする「身魂の二度目の立替へ」であることが主張されている。大正五年旧十二月三日の筆先にも終末論的な「二度目の世の立替への経綸《しぐみ》」が述べられている。要するに、元の神の言うことを聞かぬ「体主霊従・強いもの勝ち」すなわち「われよし」の「悪の霊魂」を「成敗」して「霊主体従」の「水晶の世」にしていくという霊性革命を主張するのである。

出口なおが他界する大正七年（一九一八）の筆先にも、この「二度目の世の立替」という言葉が頻出する。たとえば、大正七年旧三月十五日の筆先には次のように出てくる。長文になるが、その頻出度を示しておく。

天の御先祖様が、この世には何うでも宜《よ》いといふやうな事に成りて居り、押し籠まれて居りた地の先祖が無いやうに成りて居りた故に、この世が闇雲に成りて了ふて現今の体裁、えらい事に成りたものであるぞよ。

この時代が来る事が、世の元からよく分りて居りて、日本の霊の本には、一輪の仕組がしてありて、よく解るやうに、変生男子の手で大国常立尊が書いたり、言葉とで、爰《ここ》へ成りた折には改心を致して、身魂を磨きて居るやうに、今に知らして居るなれど、人民には解らん筈、守護神に解らんから、肉体に解らなんだが、何彼の時節が参りて来たから、御筆先通りに何も一度に成りて来て、一度に開く梅の花、遅く成りて居る丈一度に開けるから、何彼の事が天地から見せてあるから、開け出したら迅いぞよ。

天地の大神、元の活神は昼夜といふ事も無し、暑つい寒いといふ厭はないから、仕組通りに何彼の事が成りて来たから、一日増しに仕組みてある事が順に出現て来るぞよ。長う掛りて居りたら、何方の国も潰れて了ふから、九分九厘で悪の世の終末と成りて、**二度目の世の立替**を致して末代の事が決りて、従来の習慣制度を薩張変へて了ふから、申すやうに致さん身魂は為《せ》な為《な》るやうに変さすぞよ。

何彼の事が時節が来たぞよ。歓ぶ身魂と悲みてキリキリ舞はな成らん身魂とが出来るから、申す事を疑はずと、発根の改心を致さんと、世の元の天地の先祖も爰へ成る事を待ちて居りたのであるぞよ。松の世を待ちた松の世が参りて来て、仕組みてある時節が廻はりて来たから、二度目の世の立替を致し、悪も善に立替て、向后は善一つの世に致して、皆手を引き合ふて行きたいのであるのに、取違があると見る眼が厭であるぞよ。（傍点引用者）

爰までに致した世を水晶の世に立替るのであるから、中々骨の折れる事であるなれど、此世を造営へた天地の根源を造営へた覚えのある、肉体其儘《まま》で末代その儘で居り、爰までは蔭から守護をして居りた天の弥勒様と、地のお地の先祖とでないと、二度目の世の立替は他の身魂では何うして世の立替をするといふ事が解らんのであるから、世界中の守護神人民が末代掛りても出来んから、分散てある身魂を引き寄して、身魂の性来の御用さすから、従来は暗がりの世でありたから、何も解らなんだなれど、何彼の時節が参りて来て、日の出の守護と成りて来たから、解らなんだ事が解りて来て、向后は嬉し嬉しの末代凋落れん生花の咲く世が参りて来て、嬉し嬉しで御用が出来るから、従ふ所へは従ふて温順に致せば、其日から嬉し嬉しで暮して行ける時節が循りて来たぞよ。

乙姫殿の御働きは、世に出て居れる方の守護神では小指の真似も出来はせんから、昔から末代其儘の御姿のある混ぜりなしの御手伝を遊ばす、元の生粋の一輪の大神のお手伝がありたなら、霊魂の神が何程集りて来ても、お一方のお働があり出したら、霊魂の神では今度の二度目の世の立替は、元の其儘のお姿のお働には到底敵《かな》はんから、今の内に気を附けて置くぞよ。

従来の世は地の世界に大将無しに、世に出て居りた守護神が自己一力で狡猾ありたら上へあがりて出世が出来たなれど、二度目の世の立替を致したら、何彼の事が天地にかはるから、充分お筆先を見て置かんと、量見が違ふから、向后お筆先に出した事を用ひんと、自己の思ふやうに為やうと思ふても行きはせんぞよ。他人を見ても能く解るから、他人を見て改心を致されよ。外国見て日本の守護神が改心を致さな成らんやうに大変りが致すぞよ。

肚の中に誠といふ精神を有ちて居ると、善いお話が何となく耳へ入りて、結構が腹へ滲み込みて、他から見てあの人は違ふた人であるといふ事がよく分りて、他が崇めるし、神徳が受かるから人徳が出来るし、一つは各自の行為善くば神徳がよく分りて来るなり、従来とは違ふて、今度の二度目の世の立替は、さつぱり何彼の事、精神の持方を変へて貫はんと、従来の事は些とも用ゐられんから守護神が辛くなるぞよ。

従来の遣方《やりかた》は誠の無い、表面を飾る世でありたから、上から見て立派にありたら宜い世でありたなれど、二度目の世の立替で末代の事が決るのであるから、従来の心の持方を変へて、遣方を薩張変へさすから、今が転換期で誠に辛い所であるぞよ。

気を附ける間に気が附かんと、何うしても聴かねば仕組通りの規則通りにして、悪の霊を平げて了ふて、国に口舌の無い様に、悪といふ醜しい霊は世界に無い様に致すのであるから、何につけても**二度目の世の立替**は大事業であると申して十分知らしてあるぞよ。お筆先に書かしたら天地の規則であるから、変へる事は出来ず、其通りを致さな成らんお筆先を、今沢山に出ると思ふて粗末に致したら、先へ行くほど心配が出来て取戻しの成らん事が出来るから、毎度お筆先で気が附けてあるぞよ。

今度の**二度目の世の立替**は、大初の事から、天と地と世界中の事から、この世へ出てお出でる神の因縁から、守護神の性来の事から、何も一切の事を速に査めを致して、三段に別《わ》けてある霊魂の性来の事から、何彼の事、神界、仏界、人民、鳥類、畜類、餓鬼に成りて居るものまでも助けな成らん大望な**二度目の世の立替**であるから、何につけても大事望ばかりであるぞよ。この前途は何彼のことが早う成りて来るから申すやうに致されよ。

肚の中に誠といふ何人が何う申しても、誠がありたらビクリとも致さんのが誠であるから、この世には誠ほど強い者が無いから、誠の心に持ちかへて、従来の心は大川へ流して了へと申して、お筆先で毎度知らしてある誠の心に持ちかへんと誠の御蔭が取れんから、誠、誠と申すのぢや。誠の生花が咲く世になりて来て居るのに、正味の無い灰殻の心では**二度目の世**

の立替を致したら、従来の遣り方は些とも用ゐられんやうに大変りが致すぞよ。

このように、繰り返し「正味の無い灰殻の心」を捨て、「発根の改心」をし、「誠の心」に持ち変えて、「誠の生花が咲く世」にしていく、「二度目の世の立替」が説かれるのである。この繰り返し、呪文のようなリフレインに注目したい。繰り返しによって切迫感や緊迫度や事の重大性が呼びさまされる。

筆先は、大正六年正月に発刊された月刊機関誌『神霊界』の同年四月号に、最初の「三ぜん世界一同に開く梅の花。艮の金神の世に成りたぞよ」で始まるものが出口王仁三郎によって漢字を当てられ意味付けされて『神諭』として発表され、その後、毎号続々と発表されて多大な反響を得ることになる。そして、大正七年旧三月の筆先が出たおよそ半年後の大正七年十一月六日に、出口なおが他界する。

かつて、拙著『神界のフィールドワーク——霊学と民俗学の生成』（創林社、一九八五年）所収の論考「大正維新と霊的シンクレティズム」で述べたように、その当時、大本の機関誌『神霊界』の編集長であった浅野和三郎（一八七四—一九三七）は、大正七年十二月に発行した『神霊界』「大本教祖号」に、「大本教祖との半日の会談で、霊的には自分（注—浅野和三郎）は既に綾部の人と成って仕舞つたのであった」と記し、出口なおと初めて対面した時の出来事を詳しく書き記し、その後激烈に「大正維新」運動を加速させていくことになる。そして、大正八年に『大正維新の真相』を出版している。

そこで浅野は、天照大御神と須佐之男命との「産霊の大神事」すなわち「宇気比《うけひ》」のことを取り上げた後、地中から発生した「至祖神」がみな「龍体」であるとし、「大本神諭の所謂元之活神といふのがそれで、雨之神、風之神、荒之神、地震之神、岩之神をはじめ、其他無数の眷属である。科学者が天然現象と称する働きの根源は、実は是等龍神に在るので、神人合一の境に入り、神界の通報に接する者には、地震でも雷でも何でも予知することが出来る」と述べている。

大正九年二月八日発行の『大本時報』第八十三号で、浅野和三郎は『皇道大本の真相』と題する講演録を掲載し、「大正九年となれば、愈々益々立替立直の神業は露骨になつて行く、此の節分を境分として、宇宙は再び一大回転を行ふに違ひない。審判の火の手は近づいた。一切の邪悪は大正十年を期して滅されて了ふのだ。大立替の惨劇は、此二年間に嫌でも応でも断行されて了ひます。（中略）大正十年には立替が完了するのです。そしてそれからは立直が始まって行きます」と、大正十年立替完了の「大正維新」運動を展開していった。そしてその運動における「霊主体従」的な「身魂」理解の行法として「鎮魂帰神法」を実修していったのである。

だが、大正十年（一九二一）二月十二日、第一次大本事件が起こり、出口王仁三郎と浅野和三郎は不敬罪と新聞紙法違反で検挙され、「大正維新」運動は頓挫した。

少なくとも、大本の「二度目の天岩戸開き」や「二度目の立替」は、出口王仁三郎や浅野和三郎が意図し予言したようには進展しなかった。その意味では、その運動は挫折したと言える。だが、そこで熱烈に主張された「元の活神」が現われて「世の立替へ立直し」をするという「世直し」ビジョンは、『古事記』や『日本書紀』に記された日本神話の神話構造の読み替えや再解釈や再布置を伴いながら、神話的想像力の発現として展開されていったものである。

このような大本の「世の立替へ立て直し」は、『古事記』的な文脈の中に位置づけて解釈するならば、出雲系の神々の祖に当たる須佐之男命の八俣大蛇退治や、その子孫の大国主神が行なった「国作り」の継承再展開（第二国作り）であったと捉えることができる。いずれにせよ、出雲の大国主神の「第一国作り」は失敗し、「国譲り」によって自らは「幽世」に隠れた。そして、その出雲系の隠退神と重なる形で、明治期に「艮の金神」という陰陽道や修験道の流れを汲む「隠退神」が再登場して、「世の立替へ立直し」という「第二国作り」を展開したという文脈の位置付けである。

だが、出雲系の「第一国作り」が「国譲り」と天孫系の国治めという幕引きに終わったように、大本教の「第二国作り」も第一次大本事件（大正十年、一九二一年）と第二次大本事件（昭和十年、一九三五年）という「第二国譲り」と天孫系の国治めの強化によって挫折した。そのような出雲系神道史として見ていくことができる。

初期の大本では、艮の金神を中心に、竜宮の乙姫、金勝要《きんかつかね》の神、岩の神、風の神、雨の神、荒の神、地震の神、残らずの金神、日の出の神など、実に多様なアニミスティックな神々が奉じられていた。それまで、祟りなす悪しき神として怖れられ忌避されていた艮の神は、実は神々の中の根元神であり、利己《われよし》主義の悪神や邪神に陥れられて、艮の方向に封じ込められていた。この封印され隠されていた元の神が、利己主義と暴力の横行する破滅的な世界を立て替え立て直すために再び表に出て、「大洗濯、大掃除」をする。その神の命を受けて実行するのが大本の神業であり経綸であるというのだ。

このような出口なおに宿り発現した艮の金神のメッセージを、記紀神話の神々と結びつけて、平田国学系の霊学や言霊学なる霊的秘教的解釈学によって再解釈して大本の世直し運動として展開したのが、出口なおの娘婿となる出口王仁三郎（本名：上田喜三郎）であった。

出口なおの「筆先」は最初、頭のおかしい老女の世迷い言と周囲から相手にされなかった。また出口王仁三郎の霊的解釈学である「霊学」も誇大な恣意的解釈と胡散臭く思われた。特に初期の大本教団内部においては、出口王仁三郎の発言は理解されず、その位置も不安定で盤石ではなかった。そのような経緯もあり、自己の立場と霊性の淵源を出口王仁三郎は、「悪神」とされて父にも姉にも疎まれ追われて、ついに二度にわたり、葦原中国も高天原も追放されたスサノヲノミコトに重ね合わせて、次のように述べている。

「速素戔嗚尊は、天津罪、国津罪を残らず我身に引き受けて、世界の人の罪を償い玉う瑞の御霊魂なれば、天地の在らん限りの罪咎を、我身に引き受けて、涙を流して足の爪迄抜かれ、血潮を流し玉いて、世界の罪人、我々の遠つ御親の罪に代り玉いし御方なる事を忘る可らず。今の世の神道者は、悟り浅くして、直に速素戔嗚尊を悪く見做すは、誠に恐れ多き事共なり。斯の如く天地の罪人の救い主なれば、再び此の天が下に降り在して、瑞の御霊なる茂頴（注―王仁三郎のこと）の身を宮と成して、遍く世界を救わんとなし玉える也」(2)。

出口王仁三郎は、スサノヲがすべての「罪」をわが身に引き受けて「世界の人の罪」を償う「瑞の御霊魂」にして「天地の罪人の救い主」である神と解釈し、その「瑞霊」が出口王仁三郎の身体を「宮」として、世界救済の神業を行なうと捉えている。つまり、自己の霊性を出雲系の祖となるスサノヲと重ね合わせ、自分をスサノヲの霊の「宮」としているのである。後に、出口王仁三郎はさらに自身を、弥勒の下生とも伊都能売《いづのめ》神とも重ねてゆく。

興味深いのは、出口王仁三郎同様、折口信夫もスサノヲに贖罪性を観取している点である。神道の「宗教化」や「人類教化」を主張していた敗戦後の昭和二十二年（一九四七）、折口信夫は「贖罪」「すさのを」「天つ恋――すさのを断章」と題する三篇の詩を発表した。それらは何れも、贖罪者として追放され流浪するマレビトとしてのスサノヲに托して敗戦の悲傷と哀切を歌ったものである。出口王仁三郎も折口信夫もともに、贖罪性と孤独と悲傷がスサノヲの特性であると認識し、自身の霊性の淵源と構造をそこに同化していたのである。

このような大本の「世直し」運動とその挫折を踏まえて、日本神話に描かれた「世直し」の原像を「天岩戸」神話と「国譲り」神話に見てみることにしよう。

第二節　世直し思想の原点としての「岩戸開き」と「国譲り」

『古事記』上巻の最大の混乱と葛藤は、「天岩戸」神話と「国譲り」神話である。ここでは、世界の危機と国の危機が、「祭り」の創出と、「国譲り」というもう一つの「祭り」の創出によって乗り越えられる。前者においては、太陽神天照大御神の天岩戸隠れによる暗黒世界の出現と全生命の危機が岩戸の前での「祭り」の実施によって打開され、後者においては、戦争の勃発が出雲大社（杵築大社）の創建と「祭り」によって回避される。

まずは、天岩戸神話の方から見てみよう。これは、須佐之男命の神性の荒ぶる発現に端を発する物語である。須佐之男命は父神伊邪那岐命が黄泉国の穢れに触れて、その穢れを祓うために禊をし、その時、鼻から化成した貴い子神である「三貴子」（天照大御神・月読命・須佐之男命）の一神である。

だが、そのように「貴い」神であるにもかかわらず、父神に命じられて姉の天照大御神が高天原を治め、月読命が夜の食国《おすくに》を治めるのに対して、生れてからこのかた一切命じられた海原を治めることもなく、「母（妣）」を恋い慕って泣き叫んでばかりいた。その須佐之男命の行動とその特性を簡潔に四つにまとめておく。

（一）母神伊邪那美命を恋い慕って泣き叫び、海山を枯らして父神伊邪那岐命に追放される反抗神。

（二）姉の天照大御神に別れを告げるために高天原に上るが、そこで乱暴狼藉をし、機織女を死なせて、日の神の姉を天岩戸に閉じこもらせてしまい、姉にも追放される破壊神。

（三）出雲の地に降り立って、八頭八尾の怪物八俣の大蛇を退治して、わが国最初の歌（詩）を詠う文化英雄神。

（四）訪れてきた子孫神・大汝遅神《おほなむぢのかみ》に三種の神宝（生太刀・生弓矢・天詔琴）と「大国主神」という神名を授け、自分の娘の須世理毘売《すせりびめ》と結婚させて祝福を与える智略神。

このように、須佐之男命は父神に「海原を治めよ」と言われた命令を聞かず、幼少期から顎鬚が胸先に垂れる青年神に成長するまで、母を恋い慕って泣き叫んでばかりいた。その泣き声のために海山が枯れてしまったので、父の伊邪那岐命は怒って須佐之男命を母の国に追放した。

須佐之男命は母神伊邪那美命の深い悲しみや恨みの「負の感情」を受け継いでいる。(3) 詳しくは拙著『古事記ワンダーランド』に譲るが、須佐之男命は小さい頃から言いつけを守らず、反抗し続け、さまざまな乱暴狼藉(農耕の妨害、神殿を糞で汚す、機織女を殺害など)の限りを尽くしたために、父にも姉天照大御神にも疎んじられて追放され、出雲の地に降り立って、そこで暴威を振るう怪物八俣大蛇を退治して、今にも犠牲になろうとしていた櫛名田比売を助けて結婚し、本邦初発の歌を歌う。

八雲立つ　出雲八重垣　妻籠《つまご》みに　八重垣作る　その八重垣を

禊が身心の浄化機能を持つように、この詠歌もまた身心の浄化を促すものである。そのことは、須佐之男命が「我が心すがすがし」と言って、この歌を詠ったことによって明らかである。

このように、母神伊邪那美命の死とそれに伴う身体変容(死体の腐乱)にもとづいて、禊祓と詠歌という二つの身心変容技法が須佐之男命によって生み出されたことを『古事記』は伝えている。

そして、「祭り」という共同体や世界の変容技法も、この須佐之男命の乱暴狼藉に発する死を契機としてもたらされた。須佐之男命が馬を逆剥ぎに剥いで血だらけにして神聖な神衣を織る機織女の仕事をしているところに投げ入れて、機織女がその杼（針）で女陰《ほと》を突いて死んだことを知って、天照大御神が怒り悲しみ、天の岩戸に籠ってしまったために世界が真っ暗闇になり、最大の生命と生存の危機が襲った。

するとたちまちあちこちに災いが起こって大混乱が生起したので、神々は衆議を決して「祭り」を行なうことにした。榊を立てて神籬《ひもろぎ》とし、神聖な鏡や玉を取りつけて中臣氏の祖先の天児屋命《あめのこやねのみこと》が祝詞（太詔戸言《ふとのりとごと》）を奏上し、猿女氏の祖先の天宇受売命《あめのうずめのみこと》が手に笹を持って踊った。天宇受売命は踊っているうちに「神懸り」し、胸乳と女陰《ほと》が露わになった。それを見て神々は、一斉に花が咲いたように大笑いをする。

平安時代初期に斎部広成によって著された『古語拾遺』には、この時、神々は口々に「天晴れ、あな面白、あな楽し、あなさやけ、おけ！」と歓びの声を上げたと記されている。天が晴れて光が射し、その聖なる光を受けて、顔の面が白くなり、おのずと楽しくなって自然に手が伸びて踊り出し、さやさやと笹もさやぎ、ふるふると木の葉もふるえて、共に喜び踊った。

この神々がみずから行なった「祭り」が歌と舞踊を伴う「神楽《かぐら》」となり、芸能となっていく。この祭りとは、魂すなわち霊的エネルギーを喚起し呼び出して、激しく揺さぶりエンパワーメントすることで、そのふるまいを、『古事記』では「神懸り」、『日本書紀』では「顕神明之憑談《かみがかり》」「俳優《わざをぎ》」、『古語拾遺』では「鎮魂《たまふり》」「神楽《かぐら》」と記している。能（申楽）の大成者である世阿弥の

『風姿花伝』「第四神儀云」には、「申楽」の起源がこの天岩戸の前での天宇受売命による「神楽」に始まると記されている。

このように見てくれば、天岩戸の物語がどれほど重要な身心変容技法であり、世界変容技法であるかが見えてくる。そこでは、「天岩戸開き」が「世直し」の原型的な表現となっている。また、それに関連して、須佐之男命による八俣大蛇退治や、「八雲立つ」の歌を歌うことも「世直し」や「心直し」の原型的表現となっている。つまり、「世直し」の原像にスサノヲが原因者としても解決者としても登場し君臨しているのである。

『古事記』ではその須佐之男命の六世の子孫が「大国主神」である（『日本書紀』本文では子神となっている）。

『古事記』では、この葦原中国（地上世界）の統治者である「大国の主《ヌシ》の神」が、少名毘古那神と協力して一所懸命に「国作り」した国を天照大御神の孫の邇邇藝命《ににぎのみこと》に「国譲り」することが物語られる。もしも通常の戦争であれば、「略奪」か「征服」になるはずだが、そのどちらでもなく、「国譲り」という特異な和解策が編み出されるのが『古事記』の「世直し」である。

そこで、「世直し」的な平和の創出という点から見れば、大国主神の「国譲り」は大変興味深い精神性と思想性と方法論を内包しているといえる。そしてこの「国譲り神話」はさまざまな場面で、日本人の意思決定や態度表明のあり方に微妙で決定的な影響と原型的な制約を与えたと考えられる。大国主神の「国譲り」を「第一国譲り」とすれば、たとえば、幕末・明治維新期の「大政奉還」という政治決着は「第二国譲り」であり、太平洋戦争の敗戦時の「無条件降伏」というポツダム宣言受諾は「第三国譲り」と言えるかもしれない。この日本の歴史の節目を貫いている「国譲り」の問題をさまざまな角度から検証する必要がある。

この「国譲り」という不思議な業を実現した大国主神は極めて日本的な神である。須佐之男命が激烈に戦うアグレッシブな戦士的神であるとすれば、大国主神は戦わない神、不戦と和解・和睦を生み出す神である。それが後に「縁結び」の神とされる原基的な理由であろう。自らの意思決定と主体性によって成し遂げる神ではなく、さまざまなものの助けと協力によって国土開拓の大事業である「国作り」を成し遂げ、大いなる「和」と協調を生み出す神。戦いによって奪い取るのではなく、耕作と協調によって和楽の世界を築き上げる神性と神徳を持つ神が大国主神である。

ここで、『古事記』における「国譲り」の事績の流れをトレースしておく。

（一）　天照大御神が「葦原中国」をわが子の「天忍穂耳命《あめのおしほみみのみこと》」が「知らす（統治する）国」と定めて派遣を命じたが、天の浮橋に立って下界を見ると、「いたく騒《さや》ぎてあり」というありさまだったので、別の神が派遣されることになった。

（二）　そこで、高御産巣日神と天照大御神は八百万の神々を集めて、誰を派遣して「言趣《ことむ》け」すべきかと問うたところ、「天菩比命《あめのほひのみこと》」がよいということになったが、派遣された天菩比命は大国主神に媚びつき、命に背いて三年が過ぎても復奏しなかった。

（三）　そこでまた高木神（高御産巣日神）と天照大御神が、次にどの神を派遣すべきかを問うた

今度は八年が過ぎても復奏しなかった。

けて葦原中国に遣わしたが、天若日子は大国主神の娘の下照比売と結婚してこれまた命に背いて、

ところ、次は「天若日子」がよいということになり、天若日子に天之麻迦古弓《あめのまかこゆみ》と天之波波矢《あめのははや》を授けて葦原中国に遣わしたが、天若日子は大国主神の娘の下照比売と結婚してこれまた命に背いて、今度は八年が過ぎても復奏しなかった。

（四）そこで、天照大御神と高御産巣日神がまた、次はどの神を派遣して復奏しない理由を訊ねたらよいかを問うたところ、「雉鳴女《きざしなきめ》」がよいということになり、理由を訊いてくるよう命じたが、先に派遣されていた天若日子はこのことに気づき天之麻迦古弓と天之波波矢を使って雉鳴女を射殺し、その矢が高天原まで飛んで行ったので、高木神はその血塗りの矢を下界に投げ返すと、矢は天若日子に当たり、天若日子は死んでしまう。

（五）そこでまた、天照大御神が次は誰を派遣するとよいか問うたところ、「建御雷之男神《たけみかづちのをのかみ》」がよいということになり、建御雷神と天鳥船神を派遣し、交渉に当たらせた。

（六）こうして、建御雷神と天鳥船神は、出雲国の伊那佐《いなさ》の小浜に降り立ち、大国主神に、「葦原中国は天照大御神の子孫の統治すべき国である」と国を明け渡すことを迫った。大国主神は息子の事代主神に訊ねると、事代主神は「この国は天つ神の御子に立奉《たてまつ》らむ」と承服し、船を傾けて天の逆手を打って神霊の籠る青柴垣《あおふしかき》に化して海の中に没し隠れた。

（七）だが、もう一人の息子の建御名方神《たけみなかたのかみ》はすぐには承服せず、「力競べ」をしようと建御雷神の手を掴んだところ、その手はつららとなり、剣と化し、建御雷神は建御名方神の手を握り潰し投げ飛ばしたので、建御名方神は怖れをなして逃走し、科野（信濃）国州羽（諏訪）の海まで逃げて、「この葦原中国は、天つ神の御子の命の随《まにま》に献らむ」と、その地から出ないことを約束

した。
（八） そこで、建御雷神は出雲に戻り、再度大国主神に明け渡しを迫ると、大国主神は、「僕子等二神随白、僕之不違。此葦原中国者、随命既献也。唯僕住所者、如天神御子之天津日継所知之登陀流、天之御巣而、於底津石根宮柱布斗斯理、於高天原氷木多迦斯理而、治賜者、僕者於百不足八十坰手隠而侍。亦僕子等百八十神者、即八重事代主神為神之御尾前而仕奉者、違神者非也。（僕《あ》が子等《こども》、二はしらの神の白す随に、僕は違《たが》はじ。この葦原中国は、命の随に既に献らむ。ただ僕が住所《すみか》をば、天つ神の御子の天津日継《あまつひつぎ》しらしめす、とだる天の御巣如して、底つ石根に宮柱ふとしり、高天の原に氷木《ひぎ》たかしりて、治めたまはば、僕は百足らず八十坰手《やそくまで》に隠りて侍ひなむ。また僕が子等、百八十神は、すなはち八重事代主神、神の御尾前となりて仕へ奉らば、違ふ神はあらじ）」（倉野憲司読み下し、岩波古典文学大系本）と国土献上（国譲り）を約束したが、その際、「住所」として「天神の御子」が住むのと同じほどの巨大な宮殿を建てることを交換条件とした。
（九） そこで、出雲の多芸志《たぎし》の浜に巨大な宮殿「天御舎《あめのみあらか》」を建てて、「天《あめ》の御饗《みあえ》」を奉った。
（一〇） かくして、ようやくにして、建御雷神が葦原中国平定をし終えて、「葦原中国を言向《ことむ》け和平《やわ》しつる状《さま》」を高天原に復奏し、それによってついに天孫邇邇藝命《ににぎのみこと》が天下り（天孫降臨）することになった。

『古事記』はこのような「国譲り」の経緯を物語っている。だが、この天照大御神や高御産巣日神（高木神）や思金神など「天つ神」の超越的な命令は、先住の「国作り」の神々にとっては寝耳に水の「国盗り」ないし「国奪い」の命令であり行為のように見える。だからこそ、諏訪の神となる建御名方神は徹底抗戦したのである。

この「天つ神」の命令と行為は「言趣《ことむ》け」ないし「言向《ことむ》け和平《やわ》す」と呼ばれている。これは「国」の「譲渡」が武力闘争によって奪い取ったものではなく、あくまでも天の神々の総意と命令に基づいて外交交渉によって平和的に「譲」り受けたものであるという経緯説明であり、その政治神学的宣言である。

大国主神はしかし、理不尽なこの命令に対して武力行使をして「防衛」することはなかった。そして自分の意思表示を後回しにして、二人の子供たちの意思を確認し、それを踏まえて、「命の随に既に献らむ」と国土献上を約束し、その交換条件として、「天御舎」、つまり後の出雲大社（杵築大社）の創建を「国譲り」の条件として提示したのである。

『古事記』にはこの「国譲り」のくだりが実に詳しく具体的かつ生々しく描かれている。そして出雲神話の中でも、その「祖」に当たる須佐之男命以上に詳しく「国作り」と「国譲り」の神である大国主神のことが記録されている。

だが、日本国の「正史」である『日本書紀』には、「大国主神」の記事はほとんどない。「大国主神」という名前は『日本書紀』巻第一神代上第八段第六の「一書曰」の中に、「一書に曰く、大国主神、亦は大物主神と名《もう》し、亦は国作大己貴命《くにつくりおおあなむちのみこと》と号《もう》し、亦は八千戈神《やちほこのかみ》と曰し、亦は大国玉神と曰し、亦は顕国玉神《うつしくにたまのかみ》と曰す。其の子凡て一百八十一神有《ま》す」とあるだけで、それ以外の箇所では一切使われず、『日本書紀』では「大己貴命」でほぼ統一されている。

したがって、『古事記』では「国作り」の神とされるが、『日本書紀』ではそのような位置付けも功績も認められない。だから、『古事記』と『日本書紀』とでは、「大国主神」についての記述も「国譲り」についての記述も大きく異なることになる。『日本書紀』では、先に引いた第六の一書に、大己貴命が「少彦名命」と「力を戮《あは》せ心を一つ」にして「天下経営」したことが記されている。この第六の一書は『日本書紀』巻第一神代上の最後に置かれた伝承である。ここで少しだけ大己貴命が「国作り」ではなく「天下経営」したことが記されているのだが、『出雲国風土記』（七三三年編纂）では、『古事記』や『日本書紀』とは異なり、一貫して、「所造天下大神大《あめのしたつくらししおほかみおほ》穴持命《あなもちのみこと》」と尊称されている。この三種のテキストの伝承の大きな違いはとても興味深い。

このように見てくると、出雲神話の位置が『古事記』にのみ特有の詳細さがあり、そこで「国譲り」の過程で「言趣（向）け和平す」という一種の政治神学的用語が使われていることもわかる。これが「征服」ではなく「和」の創出を生み出す事態であり説明言語である。これが『古事記』における戦争回避の「言向和平《ことむけやわし》＝国譲り」という「世直し」的和平思想である。

これまで見てきたように、『古事記』の出雲神話は二人の特異な神格によって特徴づけられる。須佐之男命と大国主神である。前半部は、暴力的でアグレッシブでトリックスター的な須佐之男命が主人公となり、さまざまな形の「暴力」が目いっぱい表現される。須佐之男命はそこでは最大最高の暴力の持ち主であり、戦争機械のようである。そしてその最大暴力ないし戦争機械が八俣大蛇を退治して「和歌＝短歌」を詠む。この「和歌」こそが「言向和平」の伏線となる。

高天原で乱暴狼藉をはたらいて追放された須佐之男命は出雲の地に降り立ち、八俣大蛇を退治してわが国最初の短歌「八雲立つ」の歌を作って文化英雄神となった。須佐之男命に退治される八頭八尾の怪物八俣大蛇は、眼が真っ赤でその身体には苔《こけ》、檜《ひのき》、杉が生い茂り、その身の丈は八つの谷にまたがるほどの巨大さで、年毎にやって来ては麗しい乙女を食い殺す。そのさまは恐ろしく巨大な怪物で、凄まじい巨大暴力を出力する。その巨大暴力を封じ込めて、歌を歌って平安の世界を生み出したのが須佐之男命であるとすれば、「世直し」平和神の代表神として須佐之男命を挙げることもできる。

だが先に触れたように、須佐之男命自身、幼少期から啼《な》き叫び続け、青山を枯山になし、海の水を干上がらせる巨大暴力神でもあった。だから、口や尻から食べ物を差し出した大気都比売神《おほげつひめのかみ》を穢れていると殺し、八俣大蛇も酒を飲ませて殺してしまう須佐之男命は、一面、日本神話の中で最も暴力的で残虐な神である。「荒ぶる神」「ちはやぶる神」の典型が須佐之男命なのである。実際、『日本書紀』では「素戔鳴尊《すさのをのみこと》」は「無道」とか「性残害」とか「性悪」とかと悪神的に記されている。

この凄まじい荒ぶるエネルギーにあふれた須佐之男命と大国主神は大きく異なる。『古事記』の出雲神話の後半部はこの大国主神が主人公となる。須佐之男命が殺害する神であるのに対して、大国主神は殺害される神である。『古事記』には、二度、兄神たちの嫉妬により殺害され、そのつど母や御祖の神産巣日神の力で甦った。このように、まったく対照的な神性を持つ二神が出雲神話の主人公であるというのも大変興味深いことである。

大国主神は出雲大社（杵築大社）の主祭神となる。そもそもこの出雲という地は、高天原から降りてきた天孫一族（天皇家の祖先神）やそれを支える「天つ神々」に対して、先住土着の「国つ神々」の最大の拠点地であった。そしてその「国つ神々」を束ねる「ヌシの神」が「大国主神」であった。

　大国主神は、『古事記』では、オホナムジとかアシハラシコオとかヤチホコとかウツシニタマなど五つの別称を持ち、少名毘古那神と協力して「国作り」に励み、国土開発と「天下経営」を行なったが、最後には天から降りてきた天孫族にその「国」を「立奉＝献」じ「譲」った。日本はこの大国主神の「国譲り」による天つ神々と国つ神々の協定によって成立した「国」である。そして、その「国譲り」の一種の見返りないし交換条件として、出雲に日本一の巨大神殿である杵築大社（出雲大社）を建てた。『古事記』は「天御舎」である杵築大社の創建を詳しく記すが、『日本書紀』巻第二神代下第九段第二の「一書曰」には、次のような別伝承が記されている。

　二神（経津主神《ふつぬしのかみ》と武甕槌神《たけみかづちのかみ》）、出雲の五十田狭《いたさ》の小汀《おはま》に降到《くだりいた》りて、大己貴神に問ひて曰はく、「汝、此の国を以ちて天神《あまつかみ》に奉らむや以不《いな》や」とのたまふ。対へて曰さく、「疑はくは、汝二神、是吾が処に来ませるには非じ。故、許すべからず」とまをす。是に経津主神、還昇《かえりのぼ》り報告《かえりこともう》す。時に高皇産霊尊《たかみむすひのみこと》、乃ち二神を還遣《かえしつかわ》し、大己貴神に勅《みことのり》して曰はく、「今者《も》し汝が所言《もうすこと》を聞くに、深く其の理有り。故、更に条々にして勅せむ。夫れ汝が治らす顕露之《あらわなる》事《こと》、是吾が孫治《し》らすべし。汝は以ちて神事《かくれたること》を治らすべし。又汝が住むべき天日隅宮《あまのひすみのみや》は、今し供造《つく》らむ。即ち千尋《ちひろ》の栲縄《たくなわ》を以ちて、結びて百八十紐《ももやそむすび》とし、其の造宮《みやつくり》の制は、柱は高く太く、板は広く厚くせむ。又田供佃《みたつく》らむ。又汝が往来《かよ》ひて海に遊ぶ具の為に、高橋・浮橋と天鳥船も供造らむ。又汝が祭祀《まつり》を主《つかさど》らむ者は、天穂日命是なり」とのたまふ。是に大己貴神報《こた》へて曰さく、「天神の勅教《みことのり》、如此《かく》慇懃《ねもごろ》なり。敢へて命に従はざらむや。吾が治らす顕露事は、皇孫治らしたまふべし。吾は退《さ》りて幽事《かくれたること》を治らさむ」とまをす。乃ち岐神《ふなとのかみ》を二神に薦めて曰さく、「是、我に代わりて従へ奉るべし。吾は此より避去《さ》りなむ」とまをし、即ち躬に瑞の八坂瓊《に》を被《とりか》けて長《とこしえ》に隠りましき。（日本古典文学全集本）

注意すべき異伝承である。ここでは、分治的な契約が交わされている。天の神の命を受けた経津主神と武甕槌神は大己貴神に「国譲り＝国土奉献」を迫る。その時、大己貴神は一度はその脅迫じみた居丈高で唐突な申し出を断わる。だが、そのことを復命して再度交渉に臨み交換条件を提示された時には異なる反応をした。それは現在大己貴神が統治する「顕露之事＝天下経営」を「吾孫」に任せ、これから「神事」を治めてくれれば立派な「天日隅宮」を建造し、田を作らせ、遊ぶための橋も船も作り、祭祀者として天穂日命を任命するという条件の提示であった。大己貴神はこの条件を呑み、「岐神」を自分に代わって仕える者として推薦し、これからは「幽事」を治めると言って「隠れ」退いたのである。

『日本書紀』神代下第九段で、本文（本書）ではなく第二の一書の中で実にさりげない形でこの統治者交代劇が記録されている。ここに記録されている統治者の交替は一種の政権交代であるが、単なる権力交替ではない。武力革命でも戦争でもない。あくまでも外交的な交渉により条件を提示する形で世界の治め方を分割・分治するという契約的和睦であった。『日本書紀』にはないが、『古事記』はこの交渉過程を「言向和平」と記した。

もしここで、大国主神が天孫族と戦っていたらどうなっていただろうか？　激烈な戦争が起こり、多数の死者が出て、双方が多大なダメージを受けたであろう。勝利者の権力が発揚され、敗者は滅亡するか、生き残っても深い反目と憎悪が残り、末代までその負の感情は伝えられたであろう。とすれば、そのような負の感情の蓄積を避けるための方策としても、神殿建築と祭祀と饗応と「神事＝幽事」の分担・分治は、もう一つの生き延び方を示すものであったと言えよう。

これはもちろん戦争ではない。だが、単純な和睦とも言い切れない。絶妙な提携と棲み分けだからである。日本の最古のテキストである『古事記』と『日本書紀』には、そのような極めて特殊な「世直し」的和平のあり方についての二種の伝承が記されているのである。

こうして、杵築大社は日本最大の神社建築となった。その異様な高さには驚かされる。古代においては、日本最高の高層建築であった。地震大国、台風大国の日本で、何度も地震や強風で倒壊しては再建されたことが記録されている。世界の古代の巨大建造物の中でもとびきり不安定な構造体がこの出雲神殿であるにもかかわらず、今日までその巨大さは保持されている。そしてそれは「国譲り」という「言向和平」の「巨大」さと奇妙さを表わすものであったと言える。

この出雲で、平安時代以降に、十月「神無月《かんなづき》」を特別に「神有月《かむありづき》」と呼ぶ風習が広がる。毎年旧暦の十月には日本国中の神々が出雲の地に集まって一年間の計画を練ると考えられるようになったという。そこで出雲だけ十月を「神有月」と呼び、その他の土地では「神無月」と呼んで区別したというのである。

こうしてみると、大国主神の「生存戦略」は間違っていなかったと言えるかもしれない。隠れて末永く生き延び、「縁結びの神さま」として尊崇されるようになったのだから。そして平成二十五年（二〇一三）の六十年ぶりの「平成の大遷宮」には、これまでにない多数の参拝者で賑わった。とすれば、結果的に、大国主神の「御神徳」には測り知れない「幽事・神事」の深謀遠慮があったと言える。そこに、「戦わずして勝つ」大国主神の「霊性」が貫流している。また、「幽」の世界である「出雲」（＝伊邪那美命―須佐之男命―大国主神）鎮魂の書としての『古事記』の存在意味がそこに込められているとも言えるのである。

第三節　憲法十七条の世直し――「和」国の始まり

以上に述べてきたように、日本における「平和」を文献を通して考えてみようとする際に、最古の文献とされる『古事記』（七一二年編纂）と『日本書紀』（七二〇年編纂）を避けて通ることはできない。『古事記』の特徴は「古事記」という題名が明白に示しているように、まさに「古事」の伝承世界を歌物語的に叙事詩的に「物語る」ことにある。それは「古事語り」の書である。それに対して、『日本書紀』は編年体の歴史記録であり、古伝承の伝承集成、データベース集である。基本的に、語りと記述という文体（スタイル）の違いがある。

加えて、『古事記』には一切仏教についての記述がない。あえて、「仏」や「仏教」のことを避けているとしか思えない。そして、日本の「神」や「天皇」やそれらを支える「氏族」の物語に徹しようと意図しているように見える。そこにおける「平和」実現の「物語」が、出雲大社（杵築大社）の祭神となった大国主神の「国譲り」の物語である。そこで、本節ではこの『古事記』の出雲神話の「国譲り」と大国主神の物語を中心に平和と癒しの問題の原基を考えてみることにしたい。そして、その本題に至る思想的表現を聖徳太子作とされる「憲法十七条」と見、まずはその条文の平和思想を考察しておきたい。

日本の歴史を記録した公文書である「六国史」の筆頭に掲げられる『日本書紀』推古天皇十二年（六〇四）のくだりには、聖徳太子が制定した（とされる）「憲法十七条」が記載されている。そしてこの「憲法十七条」の記事の中に明確に仏教を国是として導入することが宣言される。

興味深いのは、この『日本書紀』において、「神仏習合」の原像あるいは古代モデルとして極めて神格化された「聖徳太子」（上宮厩戸豊聡耳太子）像が描かれているように見える点である。「生れながら能く言ふ。聖智有り、壮に及びて一たび十人の訴えを聞きてあやまたず。兼ねて未然のことを知り、内教を高麗の僧恵慈に習ひ、外典を博士覚哿に学び、兼ねて悉に達る」と。すなわち、上宮厩戸豊聡耳太子は、生まれながらに言葉を話すような「聖智」を持っていて、一度に十人の訴えを忽ちに理解し、未然知・内教・外典を兼備したシャーマンと聖人と仏者の三相を持っていると記述されている。具体的に言えば、未来のことを察知する神道的・シャーマニズム的な「未然知」を持ち、悟りの内面化としての仏教（内教）と仁礼の外化としての儒教（外典）の三教を兼ね備えた、まさに聖人君子覚者そのものとして描かれているのである。(4)

その「聖智」を持つ「聖徳太子」が定めたという「憲法十七条」の第一条は、「和を以ちて貴しとし、忤《さか》ふること無きを宗とせよ。人皆党有り、亦達る者少し」である。冒頭部分で、まず何よりも「和」の価値を強調しているのである。

何よりも「和」を大切にせよ。諍いを起こすな。人はみな「党」、すなわちグループを作りたがるが、しかし実際には悟った者は希少である。それでは国を乱す不和の原因は何かといえば、エゴすなわち我であり、慢であり、欲である。そのような「我慢」や「我欲」を抑え、鎮めるためには仏教が必要である。

このような「和」の実現の理念とその具体的方法論の提示が次の第二条となる。そこで第二条には、「篤く三宝を敬へ。三宝とは仏・法・僧なり。則ち四生の終帰、万国の極宗なり。何の世、何の人か、是の法を貴びずあらむ。人、尤だ悪しきもの鮮し、能く教ふるをもちて従ふ。其れ三宝に帰りまつらずは、何を以ちてか枉《まが》れるを直さむ」と記されることになるのである。

悟った者である仏（ブッダ）と、仏教の真理（法・ダルマ）と、悟りを求めて実践修行に努める出家者共同体である僧（サンガ）を敬い大切にすること。この三つの宝はあらゆる生きとし生けるものの根源の拠り所であり、もっとも優れた万国至上の教えである。だからいつの世においても、どんな人であっても、この真理を尊ばないはずがない。人間には極悪人などはいない。それゆえ適切な教えや導きがあれば誰でもまっとうな道に従うものだ。そのためには篤く「三宝」に帰依し依拠しなければならない。そうでなければ間違いを正すことも直すこともできないのだ。この仏教こそが、精神的支柱となり指標となり模範となる最高の規準である。それを日本の国のあり方の精神原理に据えるのだ。そうすればこの国は真に「和国」として平和で安心で幸福に満たされた国となるであろう。「憲法第十七条」の第二条で早々とそう謳い上げるのである。

こうして、「憲法十七条」の第一条と第二条で、「和の国」の方向性と根本方針と根本原理が示された。加えて、この仏教的な精神原理は、第十条と第十四条でさらに応用的具体的に示される。

第十条の「いかり（忿・瞋・怒）」を捨てよ、第十四条の「嫉妬」を捨てよという教えがその一つである。「忿を絶ち瞋を棄てて、人の違ふことを怒らざれ。人皆心有り。心各執有り。彼是なれば我は非なり。我是なれば彼は非なり。我必ず聖に非ず、彼必ず愚に非ず。共に是れ凡夫ならくのみ。是非の理、たれか能く定むべけむ。相共に賢愚なること、鐶の端なしが如し。是を以ちて、彼人瞋ると雖も、還りて我が失を恐れよ。我独り得たりと雖も、衆に従ひと同じく挙へ」。

心の中に起こってくるいかりの気持ちを絶って、そのいかりを表に出さないようにして、他の人が自分と違っていることや異なった行為をしても怒ってはいけない。というのも、人はみな心を持っていて、みなそれぞれに異なる考えや思いやこだわりがあるからである。だから、相手がこれが正しいと主張しても、自分はそれを否定したり、その逆に、自分がこれが正しいと言っても、相手はそれを違うと否定することがあるものである。自分が必ず聖人で、相手が必ず愚者であるなどということはありえないのだ。みな普通の人、ただの人である。であれば、正否の基準など誰がよく定めることができるだろうか。できはしない。なぜならみな互いにお互い様で、誰も賢くもあるが同時に愚かでもあるのだから。それは、円周をなす環に端というものがないようなものである。みんなつながり混じり合っていて大差がない。このような次第だから、相手が怒ったとしても、振り返って自分に落ち度や間違いがあるかもしれないと恐れ反省してみることである。自分ではこれが正しい、絶対だと思っても、周りの人の意見に従って同じように行動しなさい。

このように、「憲法十七条」の第十条は諭す。第十四条では、「群臣百寮、嫉妬有ること無れ。我既に人を嫉めば、人も亦我を嫉む。嫉妬の患、其の極を知らず。所以に、智己に勝れば悦びず、才己に優れば嫉妬す。是を以ちて、五百の乃今し賢に遇ふも、千載にして一聖を待つこと難けむ。其れ賢聖を得ずは、何を以ちてか国を治めむ」と示される。

それぞれの部署で働く役人たちは嫉妬の気持ちを持ってはならない。自分が相手に嫉妬したら、相手もまた自分を嫉妬するからだ。というのも、この嫉妬の情には極まりというものがなく、身を滅ぼすもとになる。だから、たいがいは、自分より知に優れている人を見ると喜ばず、自分より才能が優っている人を見ると嫉妬することになる。だが、そのような心と態度をもってしては、五百年経っても賢者に遇うことはおろか、千年を経ても唯一人の聖人の出現を見ることもできない。優れた聖人賢者の出現と働きなしに、はたして国を治めることができるだろうか。いや、できはしない。そのままでは国は劣化していくばかりである。だから、くれぐれも「嫉妬」の気持ちを起こしてはならないのである、と。

このように、「憲法十七条」においては、「和」の実現のために、「いかり（忿・瞋・怒）」や「嫉妬」の抑制は、心と社会の安定秩序形成の両極（軸）となっている。

また、第四条では「礼をもって本とせよ」と「礼」の重要性が説かれ、第九条では「信はこれ義の本なり」と「信」の大切さが説かれているので、「憲法十七条」では、儒教的な道徳価値と仏教的な心の浄化法の両方が採用されていると言える。

さらに、第六条では、「悪を懲し善を勧むるは、古の良き典なり。ここをもって人の善を匿すことなく、悪を見ては必ず匡せ。それ諂い詐く者は、則ち国家を覆す利器たり、人民を絶つ鋒剣たり。また佞しく媚ぶる者は、上に対しては則ち好んで下の過を説き、下に逢いては則ち上の失を誹謗る。それかくの如きの人は、みな君に忠なく、民に仁なし。これ大乱の本なり」と説かれている。

「勧善懲悪」は古えからのよい手本である。人の善き行ないを隠すことなく、悪い行ないを見たら必ず正さなければならない。諂ったり欺いたりする者は国家を覆す害をなす悪器であり、人民を滅亡に陥れる邪剣である。また人の顔色を窺い媚びへつらう者は、上に対しては下の者の過失を指摘し、下の者に対する時には上の者の失策を誹謗する。このような人はみな君に対する忠誠心も民への愛もない。このようなよこしまな心が横行すれば国家の大乱の元となるであろう、と戒めるのである。

一九四七年五月三日（憲法記念日）に施行された「平和憲法」と呼ばれる日本国憲法は、戦争の放棄と「恒久の平和」を謳い、主権在民や基本的人権、そして自由や平等を保障している。だがその「平和憲法」は「平和」の理念を語るだけで、どのような方法で「平和」を生み出すかについてその精神原理については触れることがない。が、「和」を生み出す「心」が示されなければ、人は何によってそれを実現することができるだろうか？

現今の日本国憲法は法と理念を説くのみで、それを支え維持する「心」についての洞察がない。しかし、『日本書紀』に記された「憲法十七条」は、「和」を生み出す精神原理が仏教や儒教の理論と具体的処方としてはっきりと示されている。それは極めて明確で、深い示唆と具体性に富む洞察に基づく精神原理と指針である。

だが、そうだとしても、この「憲法十七条」の「和」の理念が実現されたかというと、もちろん事態はそれほど簡単ではない。仏教も玄昉や道鏡のような護持僧や祈祷僧を生み出し、著しく呪術化し、権力と癒着し、特権化していく。そのような仏教の頽落に刷新をもたらしたのは、平安仏教を切り拓くことになる最澄であった。

このような『日本書紀』に示された「和の国」の理念やビジョンに対応する部分は、『古事記』にはどのように表現され物語られているだろうか？　わたしはそれを「国譲り」の行為と出来事として物語化されていると見る。

というのも、革命や覇権争いや権力闘争という観点からすれば、「国譲り」などということは、あってはならない無血革命的な非暴力的「政権交代」である。対立と戦争を回避して「国譲り」によって平和的に統治者を交代するというのは、戦わずして敵前逃亡する最も弱き態度のように見られやすい。多くは、前王権を打倒して新王権の樹立をよしとするからである。

だが、『古事記』上巻では、そのような対立と激しい戦争や反乱を物語ることはない。平和的に王権交代をしつつ、前王と新王との役割分担と棲み分けを実現する。その極めて特異に見える「国譲り」が『古事記』ではいわば「世直し」として語られるが、しかし、大本はそこに「隠退神」の「負の感情」の滞留と潜在を嗅ぎ取った。そして「第二の天岩戸開き」あるいは「二度目の世の立替へ立直し」として、再布置化したのである。

第四節　最澄と空海の仏教改革――「平安」の「心」の探究

「憲法十七条」に明確に示されているように、日本の精神史において、仏教の受容は「負の感情」の処理に大きな影響を与えた。その最初の明証が、憲法十七条における「和」と「嫉妬」の関係性であった。そこにおいて、「嫉妬」の処理と「和」の形成は、心と社会の安定ないし秩序形成の両極（軸）となっている。つまり、「心直し」が「世直し」と連動していることを憲法十七条は明示している。

この心の制御法としての仏教が本格的に前景化するのが平安時代以降である。それには、最澄と空海の登場を待たねばならなかった。最澄も空海も平安京における鎮護国家仏教を確立した官僧であったが、しかし、彼らが説いた天台思想や密教思想は、新しい仏教的な心の練り方を提示するものであった。

憲法十七条における仏教とは、「仏法僧」の「三宝」であり、「四生の終帰、万国の極宗」であり、それは神道的な「清明心」を仏教的な心の哲学と心の制御技法によって補強補完する政策であった。この心の哲学と制御法としての仏教によって、怒りや嫉妬に由来する負の感情の増殖を緩和し消去すること、すなわち「抜苦与楽」の道とその社会の形成をめざしたわけである。

しかし、そのような高度な心の哲学や修行法で世が治まるわけでないことは、聖徳太子一族が滅亡したことによっても、また、祟りや怨霊を怖れての鎮撫儀礼の執行が繰り返し行われてきたことによっても明らかである。にもかかわらず、心の哲学と制御法としての仏教に期待するところは大きかった。それは、東大寺大仏の建立や学問仏教としての奈良仏教の隆盛からもうかがえる。

だが、平安京遷都に際しては、玄昉や道鏡などによって混乱と皇統の危機に陥った奈良仏教の呪縛からの脱却が求められた。その仏教刷新の要求に鮮烈に応えたのが、最澄と空海だった。二人は明確に鎮護国家仏教の錦の御旗を押し立てつつ、心の練成にそれぞれの仕方で立ち向かった。最澄はそれを「国宝」論として展開する。弘仁九年(八一八)に著された『山家学生式』六条式には、「国宝何物　宝道心也　有道心人　名為国宝(国宝とは何物ぞ。宝とは道心なり。道心ある人を名づけて国宝となす)」とある。ここで最澄は、「道心」こそが「宝」で、その「道心」を持って生きる人こそが「国宝」だと宣言している。つまり、「道心」を持つ「国宝」養成所として、比叡山延暦寺の形成をマニフェストした。

天台の心の哲学は、「一念三千」の心観を持ち、その心を「止観」によって、すなわち坐禅瞑想によって収める。その心の行が、十二年の籠山行となり、後に日本天台独自の千日回峰行ともなって結実する。比叡山の最初の寺が「一乗止観院」と命名されていたのは、その背景を物語るものである。そして、「最澄」という名前は、そうした心の制御に一心に立ち向かう心の行者(求道者)を鮮明に顕わす名前であったといえよう。

それに対して、空海はどのような心の哲学をもって立ち向かっていったか。空海の戦略は、心の階層性を明示しつつ、その高みへの道のりを「即身成仏」の道として示し、同時にそれが実現する玄妙極まる密教修法で荘厳したことである。空海は嵯峨天皇の求めに応じて、渾身の著作『秘密曼荼羅十住心論』を著し、それをさらに『秘蔵宝鑰』としてコンパクトにまとめ直した。

その空海の「十住心」とはいかなるものかと言えば、それは、低次の心の段階である第一住心から最高次の心の段階である第十住心の世界へと進化向上する「心の道」の提示であり、そのような心の階層性を「如実知自心」することが、「即身成仏」への過程であると解き明かすことにあった。その十の心のグラデーションとは次のようなものである。

（一）異生羝羊心――無知で六道輪廻（地獄・餓鬼・畜生・修羅・人・天）の迷いの世界の中にある心。

（二）愚童持斎心――他者に施しをする心。人倫の始まりで、五常や五戒や十善戒など儒教の道徳心や仏教の戒律を実践する心の段階。

（三）嬰童無畏心――純粋な子供のような宗教的な心が目ざめる段階。インドのサーンキヤ哲学やヴァイシェーシカ哲学やバラモン教やジャイナ教など、十六種外道の宗教や哲学の段階。

（四）唯蘊無我心――自我の実体を否定する無我心の段階。色・受・想・行・識の五つの存在要素、すなわち五蘊が和合したものとしての自我の無我性を自覚する声聞乗の段階。

（五）抜業因種心――一切は因縁・業より成ることを悟り、それを超えていく縁覚乗の段階。

（六）他縁大乗心――衆生・他者に対する慈愛の心が起きる大乗の段階で、特に唯識派の法相宗の段階。
（七）覚心不生心――心の静まりと安楽がもたらされる空観を説く中観派、三論宗の段階。
（八）一道無為心――如実知自心や空性無境心の法華一乗を説く天台宗の段階。
（九）極無自性心――重々無尽の事事無碍法界の縁起を説く華厳宗の段階。
（一〇）秘密荘厳心――自らの心の源底を覚知し、法界体性智を証悟する真言密教の最高の段階。

空海は、このように、心はグラデーションをなし、十の段階に階層化されていると説いた。そして、真言密教こそが、人間の心のすべての諸相を包含し、最高の心の段階・境地（究竟地）にまで到達できる最高・最善の道であると主張した。要するに、「如実知自心」、すなわち、如実に自分の心を知り、さらにはその「源底」を知ることがすべての鍵であると説いたのである。『秘蔵宝鑰』の中で空海は、「五相五智法界体　四曼　四印　この心に陳ず」とか、「この（日月輪）観を作すに由つて本心を照見するに、湛然清浄なること猶し満月の光、虚空に遍じて分別するところなきが如し」とか、「我、自心を見るに、形、月輪の如し」とか、「満月円明の体は、すなはち菩提心と相類せり」、「一切有情は心質の中に於て一分の浄性あり」と述べ、また『般若心経秘鍵』の冒頭では「それ仏法遥かにあらず、心中にしてすなはち近し」と述べている。つまるところ、自己の「心中」の「本心」を「照見」せよ、そうすれば、「即身成仏」することが可能である、と力強く説いたのである。

そしてそのような心の哲学を、密教の目も綾な曼荼羅（マンダラ）の図絵や神秘的な印契（ムドラー）や真言（マントラ）など、五感をフル活用した感覚変容の回路の開顕を通して受肉していった。その心の哲学の広大さと、具体的な修法や五感に訴える感覚調度の玄妙さに宮廷人も民衆も幻惑された。胎蔵界・金剛界という両部の曼荼羅図絵の招来と、そこに塗り込められた心と世界の階層性と連続性の絵解きも当時の都人を魅了した。このような、広大無辺な世界を包摂した仏教哲理と修法があるのかと、驚きを持ってその理論（教相）と修法（事相）に圧倒されたであろう。

こうして、最澄が東山の北端の比叡山に位置するのを横目に見ながら、西の高雄山寺（神護寺）から始めて、東寺や東大寺を傘下に収め、宮中に真言院を建立し、さらには真言修行の道場として紀伊山地の奥深く高野山に秘法の拠点を作った。その空海の戦略は平安京のみならず、その後の日本思想・日本文化に多大な影響を及ぼすことになった。

「むすび」の力を寿ぐ神道が生命讃歌の宗教文化だとすれば、「ほどき」（解除・解脱）のはたらきを求める仏教は生命苦からの離脱の宗教文化であったが、それがわが国では、「即身成仏思想」や「天台本覚思想」を生み出す生命開顕の宗教に変容を遂げた。その変容に、最澄と空海が作り上げた平安仏教パラダイムが大きく作用したといえる。

とりわけ空海は、大日如来やそのエージェントたる不動明王との神秘的合一の哲学と修法を実践的に展開した。そして、そこには、〝私は私で有って私ではない。我は汝であり、我と汝は不二である〟という自己観があり、私という現象を貫く大日如来の力動への認識と実践的覚知がある。空海は若い頃、虚空蔵求聞持法を修行した体験を『三教指帰』の中で次のように記録している。「阿国大瀧嶽に躋《のぼ》り攀《よ》ぢ、土州室戸崎に勤念す。谷響《ひびき》を惜しまず、明星来影す」と。

その空海が、『即身成仏義』において、「三密加持すれば速疾に顕はる。重重帝網なるを即身と名づく」と説き、「十住心」の体系的な心の哲学に基づいて「即身成仏」の道を説いたことは、わが国の仏教にとって画期的なパラダイムシフトとなったのである。そして、その「即身成仏」思想は、『声字実相義』では次のような真言哲学としてパラフレーズされる。

五大皆有響　　五大にみな響あり
十界具言語　　十界に言語を具す
六塵悉文字　　六塵ことごとく文字なり
法身是実相　　法身はこれ実相なり

そしてこのような真言哲学がわが国の和歌文化と結びついた時、和歌即陀羅尼説が誕生するというわけなのだ。そこで、西行法師などは、「一首詠み出でては、一体の仏像を造る思ひをなし、一句を思ひ続けては、秘密の真言を唱ふるに同じ。我れ此歌によりて法を得ることあり。若しここに至らずして、妄りに此の道を学ばば、邪路に入るべし」と説き、心敬は『ささめごと』で「本より歌道は吾が国の陀羅尼なり」とか、「歌道はひとへに禅定修行の道」とか、「歌道即身直路の修行也」などと説いたのである。

以上を要約して言えば、歌うことによって心を静め、祀ることによって共同体（社会）を鎮めるのが、神道的な「世直し」的こころ観や心直しのワザの基本形であったと言える。つまり、歌と祭りが神道のワザであり、祭儀に当たっては、穢れを禊祓いし清めることで初源の「清明心」が取り戻せるという思想とワザがあった。それが、禊祓いの作法となる。そのような神道においては、特に、外界、環境、場（杜・森・聖地空間）が重視された。そこにおいては、心は明確に内面化されておらず、心は森にも山にも川にも、至るところに存在した。

それが、仏教が伝来すると、心の内面に目が向けられていく。『延喜式』の鎮火祭祝詞の「心悪しき子の心荒び」が、仏教的な信仰・信心や修行によって、煩悩や執着の巣である「心」を制御し超越・解脱する回路が提示された。心の制御法としての仏教、あるいは、煩悩消滅法・解脱技法としての仏教が行じられていったのである。それが病気直し、加持祈祷や国家鎮護を祈る祈祷仏教としての側面も持っていたことは事実であるが、最澄や空海の「心」観や止観や瞑想法を見てもわかるように、そこには明確な心の哲学や理論があり、修行の実践法、つまり、密教で言う教相と事相の両面が備わっていたのである。

そして、平安時代末から鎌倉時代にかけて、和歌と仏教とりわけ密教が接近し、合体を遂げてゆく。そののりしろになったのが、真言（マントラ）や曼荼羅（マンダラ）の思想と実践形態である。真言と和歌の接近遭遇と融合の中で、起こるべくして「和歌即陀羅尼説」が浮上してきたのである。

第五節　「乱世」における「安心」を求めて――鎌倉仏教と中世神道の「心」の探究

このような和歌即陀羅尼説が登場する平安末から鎌倉期にかけて、法然や親鸞や一遍らが称名念仏や踊り念仏を広め、末法の世の民衆や武士に受け入れられていった。

法然は『選択本願念仏集』の中で、「三心（至誠心・信心・廻向発願心）」を説き、親鸞は『教行信証』信巻の中で、「涅槃の真因はただ信心を以てす」、「真実の信心は、必ず名号を具す。名号は必ずしも願力の信心を具せざるなり」と「信心」の要諦を説いた。

末法の世を生き抜いてゆく「心」とは「信心」を置いて他にない。それも、「南無阿弥陀仏」と称名念仏を唱える「信心」こそが末法の世の凡夫の救いを保証してくれるものであるという。

そのような念仏思想に、さらに踊りという身体動作を加えたのが、踊り念仏の祖・一遍である。『一遍語録』には、一遍が由良の報国寺で法燈国師のもとで参禅したことが記されている。そこで一遍は、法燈国師に「念起即覚」を言葉で示せと迫られたので、

となふれば　仏も我もなかりけり　南無阿弥陀仏の声ばかりして

と応えた。だが法燈国師はそれを「未徹在」と撥ねつけた。そこで一遍はさらに練って、

となふれば　仏も我もなかりけり　南無阿弥陀仏　なむあみた仏

と答え直した。すると、それをよしとして「印可」されたというのである。

この記事を読む時、先の「八雲立つ」の歌と較べて、興味深い共通点が浮かび上がってくる。つまり、同語反復の呪力（霊力・言霊力）という共通項である。

意味論的に言えば、「南無阿弥陀仏の声ばかりして」というところには、自他の区別や弁別がある。要するに、「南無阿弥陀仏」という念仏の声が対象化されていて、主客未分の一体・一如に成り切っていないということである。しかるに、「南無阿弥陀仏なむあみた仏」と同語反復し、しかも、最後を「なむあみた仏」とひらがな表記するところには（もちろんこれは『語録』記者の記載法ではあるが）、「南無阿弥陀仏」の名号に溶け入っている主客溶融の状態が直覚できる。法燈国師はこれを「未徹在」とは撥ねつけなかった。これは徹底している、徹入していると直覚し、一遍の信心境位を認可したのである。

平安京遷都まもなくの最澄や空海が出た時期と、平安時代末期から鎌倉時代初期にかけて末法の世の武士団が登場して保元の乱（一一五六）、平治の乱（一一五九）、治承・寿永の乱（源平合戦、一一八〇〜一一八五）などの戦乱が勃発する時代とは、大きく社会状況や制度が異なっている。法然や親鸞や一遍には、乱世にあって悠長に三密加持の修法や十二年の籠山行などの自力修行などできはしない、そのような自力修行ではなく、阿弥陀如来の本願の救済力に頼む絶対他力の

「信心」だけが末法の世の心の安定となるという強烈な時代認識と信念があった。

そして、そのような「信心」は市井の民衆にわかるような「和讃」(親鸞)や「仮名法語」や「語録」や「和歌」(一遍)で示されたのである。そして何よりも、「南無阿弥陀仏」や「南無妙法蓮華経」の念仏や題目こそが、七五調や五七調の和歌の一部を特化した和歌真言というべきものであった。

中世の心の練り方と制御法とは、このような、わが国独自の和歌と仏教、それも密教の瞑想法の一つである真言陀羅尼が合体したものとなったと言えるだろう。

「熊野観心十界曼荼羅図」が象徴的に示すように、中世は「心の時代」であった。同時に、「霊智・霊覚・霊性」など「霊」の付く語彙が頻出する「霊の時代」でもあった。そして中世的「心直し」は「信心」論や「安心」論として練り上げられる。その「信心」が日本中世に急浮上してくるのは、もちろん、末世・末法の世だからである。

いかなる場所にも「安全」はない。だからこそ、「武士団」が登場して、「武力」で争いごとを解決せざるを得ない。「天下布文(化)」では治まらず、やむなく「天下布武」が志向されるが、それは強いものが勝つ優勝劣敗・弱肉強食の世の到来であった。そこではもはや前代の「道理」(慈円『愚管抄』)も「道義」も通用しない。

そのような社会状況下において、「弥陀の本願」を「信仰・信心」する浄土教が広まった。天台真言のような、また南都六宗のような「自力聖道門」を全うするのはこの乱世に甚だ困難である。四条河原にも死体がゴロゴロ転がっているような時代にあって、今にも死にそうになっている人の心に届くのは、「南無阿弥陀仏」と唱えれば、阿弥陀如来の本願によって救われるという「信心」とその作法であった。法然は『選択本願念仏集』などを著し、その浄土門思想と称名念仏のワザ（作法）を着実に届けた。「自力聖道門」に代わる「他力易行門」の登場である。

この法然らの「他力易行門」は、この時代の「心」を突き刺すこころとワザであったために、またたくまに支持者を増やした。その動きに、比叡山延暦寺は激しく法然を攻撃し、「他力易行門」の弾圧を画策し、ついに、建永二年（一二〇七）、法然は土佐に、親鸞は佐渡に流されることになった。承元の法難という。

浄土三部経の一つである『観無量寿経』には、「三心」について、「上品上生とは、もし衆生ありて、かの国に生れんと願う者、三種の心を発さば、すなわち往生す。なにをか三心とす。一には至誠心、二には深心、三には回向発願心なり。三心を具うれば、必ずかの国に生まる」と述べられている。「至誠心・深心・回向発願心」の「三心」を起こすならば必ず極楽往生を成すと説かれているのである。

法然は『選択本願念仏集』などの著作で、この「三心」を善導の解釈に従って、①至誠心＝真実心、②深心＝深信心、③回向発願心＝一向回向願往生心と説き、たった一度であっても阿弥陀仏の御名を称えて念仏する者は必ず極楽浄土に往生できると信じて疑う心がないのが「深心」であるとした。法然は繰り返し『観無量寿経』や善導の釈義に拠って、極楽往生が可能であることを説く。「三種の心」を起こすことの可能性を繰り返しわかりやすく説き、加えて、誰でもが救われる「称名念仏」というワザをその救済の根拠と技法として掬い上げ、提示した。「南無阿弥陀仏」の名号さえ唱えれば救われるという超絶簡明技法を。

それは、精緻な理論的文献的探究ときわめて自省的で辛辣な自力批判に基づいている。法然は、「念仏の行はかの仏の本願の行にて候。持戒・誦経・誦呪・理観等の行は、彼の仏の本願にあらぬをこなひにて候」と、天台や真言などの自力の行を「本願にあらぬをこなひ」として脱臼する。「本願の行」を基軸として他の「行」を解体脱臼するこれらの言説は、複雑極まりない儀軌と呪力信仰を持つ密教のワザを完全否定するものである。称名念仏というワザにおいてはどのような専門家も成立しえない。それが弥陀の本願に発するかぎり、どこにも専門家はいない。ただ、阿弥陀如来の願力だけが存在する。

しかも、誰でもできるワザには特権性は付与されることはない。そこに、修行するためのプロ集団は必要ない。これまでの「官僧」は、もはやそこではお払い箱である。今までのままではこの市井の簡略仏教の要望に応えることはできない。とすれば、自分たちの利権を守るために、「官僧」たちが法然を目の敵にするのは見えている。はたして、比叡山や南都から激しく非難されて法然はついに都を追放された。スサノヲのように。その時、親鸞もともに追放された。法然は土佐に、親鸞は越後にという流罪先の違いはあったが。

この法然の「他力易行門」が「浄土宗」となる。そしてそこから分派した親鸞の門は「浄土真宗」となる。さらに「踊り念仏」という身体運動を加えた一遍（法然の孫弟子に当たる）の念仏門は「時宗」となる。それらに共通する原理は「本願」である。その弥陀の「本願」こそがこの時代を生き抜く生存原理の中核である。この阿弥陀如来の「本願の行」に包摂されて初めて極楽往生が約束され、救済が成就する。そこには、自力的な主体が立ち上がる暇はない。むしろそのような自力的さかしらは徹底的に否定されつくす。

この三種の念仏門は、

念仏為本＝法然＝浄土宗
信心為本＝親鸞＝浄土真宗
名号為本＝一遍＝時宗

という動線を辿る。「念仏」を本とするか、「信心」を本とするか、「名号」を本とするかのアクセントの違いが出てくる。この「念」→「信」→「名」の動向の中に、より深く「他力易行」の思想とワザが練られてくる。

というのも、法然には、経験と志向の枠として、いまだ「観想念仏」の時代の複雑微妙な難易度の高い「行」がどこかにこびりついている。法然は確かに、確信犯的な革新派だが、いまだその枠から完全には抜け出ていないとも言える。生涯清僧であったと言われることも、そのことの証左であろう。

だが親鸞は違う。恵信尼との間に子供までもうけた。一遍に至っては、『一遍絵伝』に描かれているように、「超一・超二」と呼ばれた妻子と思われる女子供を連れて行脚している時期をもっている。女犯を禁じた仏道の踏み越え、「破戒」の度合いにおいては法然の比ではない。建前至上主義の「官僧」世界からすれば、彼らは極悪非道の「破戒僧」である。もちろん多くの「官僧」もその禁を犯していたのだが。

このような、シリアスな時代認識と時代の要請に感応しながら、その「破戒」の思想的必然を推し進めたのが法然であった。法然は、その意味で、中世的「心直し」の「信心」観を基礎づけた思想的キーマンである。

法然は次のように過激に述べる。「又女犯と候は不婬戒のことにこそ候なれ。又御きうたちどものかんだうと候は、不瞋戒のことにこそ候なれ。されば、持戒の行は、仏の本願にあらぬ行なれば、たへたらんにしたがひてたもち候べく候。けうやうの行も保護家の本願にあらず。たへんにしたがひて、つとめさせおはしますべく候」(「武蔵国熊谷入道殿御返事」)と。

源氏の武士の熊谷次郎直実に対しての手紙であるからとはいえ、法然(源空)は過激である。女犯も親孝行も縁切りなど、「持戒の行」はみな阿弥陀如来の誓った「本願」ではないので、できなかったらできないでいい、そこそこ保ちなさい、と言うのだから。

その法然の主著ともいえる『選択本願念仏集』は、弘法大師空海の『弁顕密二教論』の真言陀羅尼は「総持門は譬えば醍醐の如し。醍醐の味はひ、乳酪酥の中に微妙第一なり。よく諸病を除いて、もろもろの有情をして、身心安楽ならしむ」ものだとの文言を引いて、「念仏三昧はこれ総持の如く、また醍醐の如し。もし念仏三昧の醍醐の薬にあらずは、五逆深重の病は甚だ治し難しとす」と記し、また、「三業を起すといへども、名づけて雑毒の善とし、また虚仮の行と名づけ、真実の業と名づけざるなり。もしかくの如く安心起行をなせば、たとひ身心を苦励して、日夜十二時、急に走り急になして、頭燃をはらふが如くすとも、すべて雑毒の善となづく。この雑毒の行を廻らして、かの仏の浄土に生ぜんことを求めんと欲せば、これ必ず不可なり」、また「往因の煩悩、善心を壊乱し、福智の珍財並びに皆散失して、久しく生死に流れて、制するに自由ならず。恒に魔王のために、しかも僕使となって、六道に駆馳し、身心を苦切す。今善縁に遇うて、たちまちに弥陀の慈父、弘願に違わず、群生を済抜することを聞いて、日夜に驚忙して、心を発して往かんと願ふ」と述べる。この乱世の時代にあっては、どのように「身心」を「苦切」し「行」を積んでも無効で、かえって「魔王」の「僕使」となり下がって「身心苦切」するばかりである。

実際、現に、累々たる屍体を目の前にする時、このたかだか五尺か六尺の肉体の儚さや弱さは認めざるを得ない。そのような、「身心」の弱さを認めたうえで、「信心」を「信楽」に身心変容させていくワザを法然は編み出した。それが「称名念仏」という、「観仏三昧」を踏み越えた「一心専仏」「一向専称」(『選択本願念仏集』)の身心変容技法であった。それが法然の「身心革命」であったといえる。

そのような「身心革命」を「信心」という方位ではなく、「即心」という方位で徹底したのが道元である。道元は、主著『正法眼蔵』において、「参禅は身心脱落なり」と喝破する。

天童五更坐禅、堂に入って巡堂して、衲子の坐睡を責めて云く「参禅は必ず身心脱落なり。祇管に打睡して什麼か作さん」と。師聞いて、豁然として大悟す。早晨に方丈に上って、焼香礼拝す。天童問うて云く「焼香の事、作麼生」と。師云く「身心脱落し来たる」と。天童云く「身心脱落、脱落身心」と。師云く「這箇は是、暫時の伎倆、和尚乱りに某甲を印すること莫れ」と。童云く「吾、乱りに你を印せず」と。師云く「如何なるか是、乱りに印せざる底」と。童云く「脱落身心」と。(『正法眼蔵』「恁麼」)

この道元思想のキーワードをなす「身心脱落」とは何か。それは、端的には、「身心」という枠から離れること、それを放擲することにほかならない。道元は、「ただわが身も心もはなちわすれて、仏のいへになげいれて、仏のかたより行はれて、これにしたがいゆくとき、ちからもいれず、こころもついやさずして、生死をはなれ仏となる」(『正法眼蔵』「生死」)とも述べているが、しかしここまで来ると、自力も他力もその境が曖昧になる。自力行に向かう「身心」が他力本願の「信心」の大海に参入するかに見えてくる。その意味では、法然や親鸞と道元は対極に位置しているように見えながらも、おのれの枠を踏み越えるという点では一致しているのである。称名念仏を唱えるか、只管打坐の参禅から入るかの入り口と身心変容技法は異なるが、身心変容の果てにある境涯に関しては思いのほか共通のものがある。

『正法眼蔵』の中でもとりわけよく知られて引用される一節は、「仏道をならふとは自己をならふなり、自己をならふとは自己を忘るるなり」(『正法眼蔵』「現成公案」)であるが、この「自己を忘るる」という自己の踏み越え・放擲が、如浄から引き取った道元における「身心脱落」の境地であった。

山折哲雄は『日本の「宗教」はどこにいくのか』（角川選書）の中で、道元のこの「身心脱落」と、それに先行する明恵のエクスタティックな「身心凝念」を比較している。明恵の『夢之記』に、承久二年（一二二〇）八月七日の禅定中に、「身心凝念」した際、自分が「鏡」となり「珠」となって転がっていき、いつしか清浄な仏の姿に変じて「好相」が現われたという記述がある点に、山折は着目した。明恵は華厳思想に帰依し、有名な樹上瞑想図まである瞑想の達人でもあった。

この明恵の瞑想法は、空海のもたらした曼荼羅や阿字観や月輪観などにも似て、法身へ向けて自己身心を「荘厳」していく瞑想であった。それは、末法の凡夫の「身心」を弥陀の本願によって包摂溶融してしまう「信心」や、「身心脱落」という自己放擲のベクトルとは異なる密教的聖道門の方位にあるものだといえる。この点で、明恵の「身心」変容と、法然や道元の「身心」変容とは、身心荘厳化と身心剥脱化という対極にある。たとえて言えば、足し算や掛け算によって身心変容をもたらすか、引き算や割り算によって身心変容をもたらすかの違いである。自己を膨らますか、自己を無化するかの違い、あるいは、自己極大化と自己極小化のベクトルの違い、増殖型と削除型の違い、ともいえようか。それをまとめておくと次のようになる。

足し算型自己変容	密教的瑜伽的聖道門	身心荘厳化	合一・加持	三密加持・曼荼羅観
引き算型自己変容	禅的聖道門・易行門	身心剥脱化	往生・脱落	称名念仏・只管打坐

ところで、序章でも少し述べたが「スパイラル史観」によれば、中世と現代は、二重権力や多重権力に分散し、権力と社会体制の混乱やアナーキー化が進行し深刻化する点で共通項がある。日本では、源平の合戦や南北朝の乱や応仁の乱が続き、朝廷・天皇と幕府・征夷大将軍という二重権力体制が進行し、西欧においても十字軍の戦乱により教会と封建諸侯に権力が分散していくが、この時代はまた同時に、宗教や霊性やスピリチュアリティが自覚的に捉えられた時代でもあった。一向一揆や法華一揆などが起こり、現代の「パワースポット」ブームにも該当するような蟻の熊野詣や西国三十三ヶ所などの聖地霊場巡りが流行した。

同時に、先にも触れたように、この時代に「無常・無縁」が時代的キーワードともなっている。政治経済や文化面だけでなく、自然そのものが繰り返し猛威を振るい、対策を講じがたい疾病が流行する。そんな「乱世」に突入していった時に、その時代的危機を突破する新たな「心の練り方」や「身心変容技法」が編み出されたのである。

この中世には、「死と史と詩」が密接に連関連鎖した。末法の乱世における戦乱などによる「死」を見つめる心から、「史（歴史観）」が構成され（慈円『愚管抄』、北畠親房『神皇正統記』）、『平家物語』などの「詩」と鎮魂の文芸（琵琶語り文芸）が生まれ、中楽（能）の隆盛を見た。また、新仏教（浄土宗・浄土真宗・時宗・臨済宗・曹洞宗・日蓮宗）と新神道（伊勢神道・吉田神道）が独自の展開をとげた。

末法（一〇五二年～）の世の「死」を目前とした救いは、自力の行ではなく、絶対他力の「念仏・名号」「信心」に向かい、その「念仏・名号」と「信心」のありようを、法然（念仏為本）、親鸞（信心為本）、一遍（名号為本）らが、「称名念仏」や「踊り念仏」として説いた。

　こうして、中世の乱れた心をつなぎとめる仏教のワザは、天台の長期にわたる厳しい十二年籠山行のようなものではなく、死を前にしても、一瞬にして一言で言い切ることのできる言葉、「念仏（南無阿弥陀仏）」（法然、親鸞）や「題目（南無妙法蓮華経）」（日蓮）であった。また、「ただ坐る・ひたすら坐る（只管打坐）」（道元）の禅となった。そしてさらにそこに、一心不乱に「踊る」という「踊り念仏」（一遍）にまで深化徹底した。「こゝろより　こゝろをえんと　こゝろえて　心にまよふ　こゝろなりけり」と一遍は詠ったが、中世的「心直し」や「信心」の希求と行方をよく示す歌であろう。

　戦乱による多数の「死」を鎮魂供養へと浄化する「史」観と、祈りの籠った「詩」が必要とされたのである。ここに、末法・末世意識に基づく歴史の「発明」とも「再解釈」とも「再創造」ともいえる「史観」が醸成されてくると同時に、死者の怨霊や怨念を鎮撫する『平家物語』や『保元物語』『平治物語』『義経記』『太平記』などの詩的鎮魂の文学が生まれてきて、それが世阿弥の複式夢幻能として芸能化されたのである。こうして、専修念仏、法華一乗など、一言化、断言化、専修化の「中世的段階」が進展する。

　そこにおいては、乱れた世であればこそ、「正」を、「真」を、「根源（根元、元・本・基）」を希求した。道元『正法眼蔵』、日蓮『立正安国論』、法然『選択本願念仏集』、「神道五部書」の一書『宝基本紀』も、みなそのような根源の希求であり、根源神話の回復であった。その根源神話としての中世神話を完成させたのが、吉田兼倶（「唯一宗源神道」）の「大元宮」の創建と『唯一神道名法要集』の著作であった。

この中世には、可視化と不可視化、リアリズム（写実主義）とミスティシズム（神秘主義）、武力（軍事力）と呪力（霊力）の両極化が進む。一方で、慶派（運慶、快慶など）の写実主義が花開き、もう一方で、「秘すれば花」を説いた世阿弥（『風姿花伝』）や「隠幽教」を説いた吉田兼倶（『唯一神道名法要集』）の神秘主義が隆盛した。後者は、「秘する」「隠す」ことを美学・哲学・技法にまで高めた。

世阿弥にも吉田兼倶にも、神仏習合の色が濃い。とりわけ、応仁・文明の乱後に創建された「大元宮」はその典型である。吉田兼倶は、「夫れ神とは、天地に先立ちて而も天地を定め、陰陽を超えて而も陰陽を成す。天地に在りては神と云ひ、万物に在りては霊と云ひ、人に在りては心と云ふ。心とは神なり。故に神は天地の根元、万物の霊性、人倫の運命なり。当に知る、心は即ち神明の舎、形は天地と同根たる事を」と『神道大意』で述べている。「天地」にあっては「神」、「万物」にあっては「霊」、そして、「人」にあっては「心」と言う、と兼倶は説く。ここでは、天・地・人と神・霊・心はグラデーションをなし、「大元」において一つとなり、相互に貫通し合っている。

そして、そのような相互交流の不思議なる妙相を「霊」や「冥」という言葉で荘厳したのが中世的レトリックであった。吉田兼倶は『唯一神道名法要集』の中で、「霊性、霊徳、霊通、霊応、霊号、霊経、霊宗、霊宝、霊璽」など、麗々しくも「霊」と付く後を頻出させる。

これに先立つ、伊勢神道の大成者の渡会家行は、いわゆる「神道五部書」の編録過程にも関わったと推定されるが、その主著『類聚神祇本源』の中で、やはり「霊」の語を多用している。そもそも、その著作のタイトルの名づけ方が中世的思考の典型を成すものである。「神祇」の「本源」を探究するために「類聚」した著述だというのだから。

その中で渡会家行は、「神祇の起り、（中略）虚に徹し霊に通ず」、「天真の霊知を明かさん」（以上、序）、「大和葛宝山記に曰く、（中略）高天海原に独化れる霊物在り」、「天地霊覚書に曰く、（中略）虚徹霊通是れ万物の本源と為り、（中略）元気と名づく。陰と化り陽と化り、魂と為り魄と為る。名づけて精霊と曰ふ」（以上、天地開闢篇）、「宗廟社稷ノ霊」、「霊鏡」、「万鏡霊器」、「霊驛」などと、「霊」の語を多用する。

少し遅れて、吉田神社の社家の出で、吉田（卜部）兼好の兄弟の慈遍は、『旧事本紀玄義』の中で、「霊性、物を乗じ、神応、拠有り」、「能く霊性に達して、必ず神徳を通ず」、「霊徳方に隠れて冥を隔つる」、「神性変らずして、霊光影を異にす」、「元を元にして神明に通じ、本と本にして霊徳を施す」（以上、巻第三）、「心神の霊」、「万物の霊」、「若し霊を取らば无私の心なり」、「宝基本紀に曰く、鏡は霊明の心鏡なり」、「三種は、即ち一心にして、柱は天御景と称ひて、一朝の霊を鎮む」、「霊時を鳥見山の中に立て、用て皇祖天祖を祭る」（以上、巻第四、深秘巻也）と記している。

「心」ばかりではなく、このような「霊」語の繁用が中世的言辞の一大特徴をなしている。

第六節　儒学革命の近世

だが、近世になると大きく変わる。「身心」や「信心」や「霊」といった語の繁用から、「性」や「理」や「性命」にキーワードが様変わりする。中世的な「心直し」や「信心」ではなく、近世は「理」と「性・性命」（朱子学）を究明し確立する時代となった。

興味深いのは、初期の朱子学者がみな禅宗、それも臨済宗の僧侶であったことである。冷泉家の公家の出で、近世朱子学の祖といえる藤原惺窩は、最初、相国寺の禅僧であった。その弟子の林羅山も建仁寺で禅を学び、山崎闇斎も初めは延暦寺にいたが、やがて臨済宗妙心寺派の本山妙心寺の僧となった。

考えてみれば、もともと、禅は「霊知・霊覚」に否定的であった。道元は『正法眼蔵』の中で、「霊知・霊覚・霊性」を「外道」の思想として退けている。有難い「霊験」を訴求する密教や修験道などの神秘主義とは全く異なる引き算型・削除型のデコンストラクションの思考を展開したのが禅門であるとすれば、時代の大転換の趨勢の中でいち早く「怪力乱神を語らず」と標榜した孔子の道に鞍替えするのはそれほど困難なことではなかったかもしれない。禅から儒学へ、それも宋学の朱子学へという転換は、ある意味では時代の必然であり、要請であったかもしれない。

たとえば、林羅山は、「其理スナハチ人ノ形ニソナハリテ、心ニアルモノヲ天命ノ性トナヅク、此性ハ道理ノ異名ニテ、ウノ毛ノサキホドモアシキコトナシ」と『理気弁』で記し、「理」が

「人の形」に備わって、それが「心」に内在する時に「天命の性」と名づけられるが、それはまた「道理」の別名であって、毛の先ほども「怪しい」ことなどはないと断言する。ここでは、中世的な秘儀・秘伝や隠幽は完全否定されている。

また、石門心学を開いた石田梅岩は、「性を知るは学問の綱領なり。（中略）心を知るを学問の初とす」、「学問の至極というは心を尽くし性を知り、性を知らば天を知る」と、『都鄙問答』に記している。ここで重要なのは「学問」であって「信心」ではない。その「学問」というものは、「性を知る」ことがその「綱領」であり、「心を知る」ことがその端緒となる。そしてその心は「天」の「理」を宿した「性」である。ここに、中世的な「冥」や「幽」や「隠」や「霊」などという不可視の領域は影を潜め、白昼の明るい合理や理性が世俗の遊楽とともに前景化してくる。

石田梅岩はさらに、「神儒仏ともに悟る心は一つなり。何れの法にて得るとも、皆我が心を知る」とも、「実の商人は先も立ち、我も立つ事を思うなり」と『都鄙問答』で述べている。その立場は、より包含的な神道も仏教も儒教もみな取り込んで、要は「我が心を知る」ことだと闡明する。

この近世という時代の特徴を示す芸能が歌舞伎であろう。最初、歌舞伎は、傾奇者《かぶき》たちのシャーマニスティックな狂騒的振る舞いを帯びていた。出雲の阿国《おくに》は出雲大社の巫女とされるが、そのような阿国の歌舞伎踊りにも中世的なシャーマニズムの名残りがうかがえる。

だが、そうした狂騒はやがて禁圧され、統制された平和な時代の中で遊楽や遊興や娯楽が推し進められる。そこでは確かに江戸の町民・庶民の文化が花開くのだが、それは極めてエンターテイメントな嗜好性を持つ消費文化の登場でもあった。出雲の阿国の女歌舞伎は禁止され、男たちだけによる見世物歌舞伎が生まれるのも、その変遷を象徴している。能における「鏡の間」や「橋掛り」が神霊との交感の空間であるとするなら、歌舞伎における「花道」や「すっぽん」は観客との交歓の空間の造形化であった。その「花道」や「すっぽん」において、歌舞伎役者は「大見え」を切り、観客にサービスをふりまいたのである。

また、より主観的で抒情に溺れやすい和歌・短歌に対して、より客観的で写実に徹した俳諧・吟行が流行したのも、「理」と「俗」を求め楽しんだ近世の特質を示すものであろう。中世において「遊行」であった異界・異形・異相の遍歴は、近世においてはこの世の世俗社会に限定された「遊楽・遊興」の中に埋没する。

社会相から見ると、激動の乱世に沸騰した宗教熱狂と乱逆を極めた武力支配によってダイナミックに変転し続けた中世に対して、近世は狂騒が影を潜めた「パックス・トクガワーナ」(徳川の平和)の平穏無事の時代が続いた。中世の宗教家は、混乱に次ぐ混乱の中から新たな宗教理念や骨太にして簡略な身心変容技法を編み出し、状況に対処していった。阿弥陀如来の念仏を唱名することによって極楽往生を得る、只管打坐の禅によって自心の仏性を悟り解脱を得る、法華経こそ国を救う一乗経典であるなどと、激烈な自覚と教えと実践が説かれ、踏み行なわれた時代が中世であった。その中世が宗教的狂熱の時代であったとすれば、近世は宗教的狂熱なき世俗と遊興の時代であった。

織田信長は比叡山を焼き討ちし、石山寺や根来寺など浄土真宗や新義真言宗などの宗教勢力を根こそぎ攻撃打倒し、既存の宗教勢力を徹底的につぶして天下布武を達成した。信長は軍事力においては大量の鉄砲を導入して戦闘的破壊力を強め、一方ではバテレン（キリスト教宣教師）を受け入れつつ、国内の宗教勢力をたたくという作戦に出た。それは新しい武器と宗教の到来であった。恐るべき鉄砲技術とキリスト教という信仰体系の到来は、実利・実用的な「理」と、また別種の宗教的「理念」を誘致することになった。織田信長配下の戦国大名の中で切支丹大名が出て来て、切支丹勢力が広まっていく。

このとき、豊臣秀吉は信長の家臣としてこの政治的軍事的宗教改革に参画し、キリスト教は日本の土着宗教勢力を弱めるために有効だと考えていたが、やがて秀吉はイエズス会のバテレンたちが秘め持っている宗教的侵略の野望の危険を察知し、バテレン追放令を出す。

そのキリシタン禁止政策を仕上げたのが徳川家康であるが、宗教的熱狂・理念の力と怖さを思い知った家康は、実に周到な政策を実施した。切支丹追放もその一つであり、鎖国や参勤交代もその一つであり、武家諸法度や禁中並公家諸法度を制定して武士と天皇・貴族の行動様式を厳しく規制したのもその一つであった。

何よりも、徳川幕藩体制は、家康を新しい東方の威力ある神＝東照宮として祀る東照宮ネットワークを張り巡らし、徳川政治神として幕藩体制を守護し睥睨した。これにより、古代神話に基づく朝廷と中世神話をダイナミックに展開した寺社勢力を封印したのである。この古代・中世神話の封印と東照宮という新興政治神格の確立後、「理」と「俗」の中で生きることが枠づけられることになる。

合理化・実用化・世俗化したこの近世的「浮世」において栄えたのが、町民・庶民文化である。元禄期や文化・文政期に花開く俳諧や歌舞伎や井原西鶴の読み物や近松門左衛門の浄瑠璃などの町民物の隆盛とその消費文化の爛熟には目をみはるものがある。中世には考えられなかった広がりである。

このような「楽」を追求するエンターテイメント性を含んだ庶民文化が栄える一方で、「理」を探究する学問が活発な展開を見せる。近世初期の朱子学が持つ官学的な「理」の探究から転じて、『論語』の原点に還り、「気」と「情」を重視する「古学」が起こってくる。京都に塾を開いた伊藤仁斎は『童子問』の中で、「聖人は天地を以て活物となし、異端は天地を以て死物となす」、「天地の間、一元気のみ」と「天地活物」観を提示し、その「活物」を「活物」たらしめる根源的な力を「元気」もしくは「気」と捉える。そして孔子が説いた仁の愛は、その「気」に淵源する「実心に出づ」と位置づける。

このような儒学における「理」から「気」ないし「情」への関心と焦点の移行は、同じく「古学」を標榜した「国学」の勃興を誘引する力となった。「理」から「気」「情」への転換とは、西洋思想の文脈に置き換えると、ロゴスからエロスへの転換ということになる。そのエロス讃美の日本版が本居宣長の「もののあはれ」論である。

本居宣長は『源氏物語』研究を進める中で、そこに「もののあはれを知る」という語が核心をなすことに気づく。そこで、『源氏物語玉の小櫛』の中で、「すべてあはれといふは、もと、見るもの聞くもの触るる事に心の感じて出る嘆息の声にて、今の俗言にも、ああといひ、はれといふこれなり」と記し、さらに『石上私淑言』では、「物のあはれを知るといひ、知らぬといふけぢめは、たとへばめでたき花を見、さやかなる月に向ひて、あはれと情の感く、すなはちこれ、物のあはれを知るなり」、「すべて何事にても、殊にふれて心のうごく事也」、「阿波礼といふは、深く心に感ずる事也」とも述べて、「もののあはれ」論を展開していく。

これは、遊楽性を追求した庶民文化の動向とも軌を一にする学問分野でのパラダイムシフトであった。本居宣長が何よりも重視したのは等身大の自己像であった。儒学・儒教や仏教など「からごころ」に「汚染」されていない純粋な「やまとごころ」のすがたを本居は『源氏物語』に見出し、さらに遡ってその淵源と原型を『古事記』に見出していく。

本居は国学入門書といえる『宇比山踏』の中で、「やまとたましひよく堅固まりて、漢意におちいらぬ」とか、「漢意・儒意を清く濯ぎ去て、やまと魂をかたくする」ことの重要性を強調してやまない。「漢意・儒意」に染まらずにわが古典をありのままに見、受け、生きる。そのような態度を本居宣長は奨励した。『古事記伝』の中で本居は、「そもそも意《こころ》と事《こと》と言《ことば》とは、みな相称へるものにして、上つ代は、意も事も言も上つ代、後の代は、意も事も言も後の代、漢国は、意も事も言も漢国なる（中略）この記は、いささかもさかしらを加えずて、古へより言ひ伝へるままにて記されたれば、その意も言も事も相称へて、皆上つ代の実なり」と述べ、言葉と物と心があいかなうという思想に基づいて、大和言葉を記した書と本居が信じた『古事記』を一字一句漏らさず綿密に注解していく。

このような緻密な注釈的態度は古代にも中世にも見られない学問姿勢であった。古代は先学の権威に寄りかかり、中世は仮託した権威や神秘的な伝承世界や形而上学的な思弁が展開された。だが近世は、そのような「神話の霊的残響」が影を潜め、合理的精神の刺激を受けながらも、ありのままにその世界を跡づけ、そのエロスを感受するという、きわめて美的・美学的な観照的態度が生まれた。本居宣長はそうしたいわば等身大の心の探究の第一人者であった。

そうした本居宣長の観照的で現象学的ともいえる美的美学的態度は、彼の自画自賛に付せられた歌「しき島の大和心を人問はば　朝日に匂ふ山桜花」にもよく表現されている。これこそが本居的な「もののあはれを知る」道の実践であった。

だが没後の門人の平田篤胤になると、様相が一変する。平田篤胤は、「古学する徒」はまず「大倭心《おおやまとごころ》」を固めなければならない、そのためには何よりも「霊の行方の安定《しずまり》」を知ることが先決であると『霊の真柱』で力説し、『密法修事部類稿』では、「次作吾身観。吾身是産霊神。聚結風火金水土。而分賦其善之霊性物也。身遂帰五大。惟霊性耳。無窮之吾也。然則吾身与天地同体。吾神魂。即与産霊神之分神。（次に吾身観を作せ。吾が身はこれ産霊神《むすびのかみ》。風・火・金・水・土（五大）を聚結し、しこうして、その至善の霊性を分賦するものなり。身はついに五大に帰り、ただ霊性のみ、無窮の吾れなり。しかるにすなわち、わが身は天地と同体にして、わが神魂はすなわち産霊の神の分神なり）」と、「霊性」を知ることの重要性を訴えている。つまりここでふたたび中世的な「霊」の語が復活してくる。平田篤胤の国学は、死後世界や幽冥界の探究を核とした霊性の国学なのである。

古代から中世の「心直し」に、足し算型（増殖型）と引き算型（削除型）の二類型があると対置した。密教瞑想は前者で、禅や念仏は後者であると。そしてそれは、宗教的プロ集団から、より広い民衆宗教へと宗教実践や「身心変容技法」がシフトしていく過程によって前景化したと捉えた（特に、念仏）。中世においては、このような二極化が別の形でも現われてくる。すなわち、リアリズムとミスティシズム、即物的な思考と神秘的な思考の両極化である。その中で、「離見の見」を説いた世阿弥などは極めて即物的な肉体の振る舞いと、極めて霊妙な霊の振る舞いの両方を、彼の考案大成した複式夢幻能形式の中に見事に統合している。

だが、近世になると、このような両極化の不可視性が徐々に後退していく。つまり、神秘化・秘義化の極が消えて、即物・合理の極が強化される。戦国時代や下剋上という、即物の極みの戦闘期を潜り抜けてきた経験も、そうした志向性に拍車をかけた。その江戸時代の即物性と世俗的安定は、しかし民間学問を最大限に引き出す契機ともなった。この民間活力が明治維新を生み出す社会基盤となっていく。そのような意味でも、日本文化における「心のインフラ」は近世に整備定着したといえるであろう。

もう一人、典型的な近世的「世直し」人として挙げなければならないのが、二宮金次郎（尊徳、一七八七―一八五六）である。二宮尊徳は、江戸四大飢饉（寛永・享保・天明・天保）の三番目の天明の大飢饉の渦中に生まれ、酒匂川の氾濫で家と田畑を失い、十四歳で父親を、十六歳で母親を亡くし、弟三人とも生き別れになりながら、一家の復興、村の復興、藩の復興、幕府領の復興を果たした。その間、天保の大飢饉を予知し、適切な対策を講じて被害を最小に食い止め、安政三年、六十九歳で世を去った。彼はその鋭い観察と経験によって正確に災害や災難（天災・人災）

を予測し、それに明確な対策を立てて実行に移し、人々の苦難を救った。その二宮尊徳の人生と行動は未来へのさまざまなヒントと「世直し」的メッセージを秘めている。

内村鑑三は『代表的日本人』（原英文）の中で、西郷隆盛、上杉鷹山、二宮尊徳、中江藤樹、日蓮上人の五人を取り上げ、「道徳力を経済改革の要素として重視する、そのような村の再建案が、これまでに提出されたことは、まずありません。これは『信仰』の経済的な応用でありました。この人間にはピューリタンの知が少しあったのです」（鈴木範久訳、岩波文庫）と記している。内村は二宮尊徳に「信仰の経済的な応用」や「ピューリタンの知」を読み取った。だが、二宮尊徳は内村が見ている以上に合理的でプラグマティックで、「理」と「利」に適っている。

二宮尊徳は、四書五経を独自の洞察を持って読み抜き、神儒仏習合的な包括的宗教観を持ち、①至誠、②勤勉、③分度、④推譲を、生存と生活の基本的構えとして説き、自ら実践した。「天道」と「人道」との区別を重んじ、「天道」のままにしておくと「荒地」になる、だから、「人道」の手が入らなければならないと、人造・人為の重要性を説いた。一方では、「天地を以て経文とす」という自然から学ぶ精神と構えを持ち、他方では人の道の「積小為大」を説いて、小さなことの積み重ねが大を成すことの勤勉とその「理＝利」を実践した。誠を尽し、勤勉に働き、自分の分限を守り、子孫や他者のために蓄えたものを譲ってシェアする。このような態度を貫くことによって貧しさから脱却し、富と社会的豊かさと平和を得ることができる。自分の家も、村も、藩も、国も、周りも豊かにすることができる。

二宮尊徳はこのように経済というリアルと倫理や生き方という理念を結びつけた。「天理・天道」に任せるのではなく、「人道」を尽し全うする。二宮尊徳が力説したのは、人間社会に必要な「人道」のあり方である。

『二宮翁夜話』（福住正兄聞書）には、「天理に任する時は、皆荒地となりて、開闢のむかしに帰る也、如何となれば、是則天理自然の道なれば也、夫天に善悪なし、故に稲と莠とを分たず、種ある者は皆生育せしめ、生気ある者は皆発生せしむ、人道はその天理に順といへども、其内に各区別をなし、稗莠を悪とし、米麦を善とするが如き、皆人身に便利なるを善とし、不便なるを悪となす、爰に到ては天理と異なり、如何となれば、人道は人の立る処なれば也、人道は譬ば料理物の如く、三倍酢の如く、歴代の聖主賢臣料理し塩梅して拵らへたる物也、されば、ともすれば破れんとす、故に政を立、教を立、刑法を定め、礼法を制し、やかましくうるさく、世話をやきて、漸く人道は立なり、然を天理自然の道と思ふは、大なる誤也、能思ふべし」とある。

「天理・天道」のままに放置しておくとどうなるか。「荒地」になる。そこで放置をせずに、「政を立、教を立、刑法を定め、礼法を制し、やかましくうるさく、世話をや」く。それによってようやく「人道」が立ちゆく。「やかましくうるさく、世話をや」かないとだめだ。それが人の道というものである。

相模国小田原藩（神奈川県）の一農夫であった二宮尊徳は、このような世話の焼ける「人道」を「水車」に喩えている。「水車」は、半分は水の流れに従うが、半分は水の流れに逆らう。つまり、半分自然で半分人工の存在、それが人間であり、「人道」である。そこで、「人道は人造なり、されば自然に行はるゝ処の天理とは格別なり、天理とは、春は生じ秋は枯れ、火は燥けるに付、水は卑に流る、昼夜運動して万古易らざる是なり、人道は日々夜々人力を尽し、保護して成る、故に天道の自然に任すれば、忽に廃れて行はれず、故に人道は、情欲の侭にする時は、立ざるなり」ということになる。人の道には抑制や精進努力が欠かせないことを誰よりも明確に理解していた。

その二宮尊徳の思想は、単純な性善説でも性悪説でもない。「天に善悪なし」と断言する彼の思想は、あえて言うならば、「性善悪以前説」である。

このように、二宮尊徳の教えるところはリアリスティックでプラグマティックである。「人道」の廃れた乱れた世の中においては、このようなリアリズムやプラグマティズムが壮大な理想や理念と手を結ばなければならない。本書の使命はそのような理想・理念とリアリスティックなプラグマティズムの接合にあるが、二宮尊徳から世直し平和思想を引き出そうとするなら、次のような宗教観と推譲精神を取り上げなければならないだろう。

二宮尊徳は言う。「世の中に誠の大道は只一筋なり、神といひ儒と云仏といふ、皆同じく大道に入るべき入口の名なり、或は天台といひ真言といひ法華といひ禅と云も、同じく入口の小路の名なり、（中略）神儒仏を初、心学性学等枚挙に暇あらざるも、皆大道の入口の名なり、此入口幾箇あるも至る処は必一の誠の道也、是を別々に道ありと思ふは迷ひ也、別々也と教るは邪説也、譬ば不士山に登るが如し、先達に依て吉田より登るあり、須走より登るあり、須山より登るありといへども、其登る処の絶頂に至れば一つ也」と。

二宮尊徳の宗教観は神儒仏習合思想で、究極的には三教（正確には二教一道）は「誠の大道」

一つに尽きている。だから、神道というのも、儒教というのも、仏教というのも、畢竟、一つで、入口の相違にすぎない。上に登れば一つになる、といつも見上げていた富士山を例に挙げて説明する。

だが、この神儒仏三教の匙加減となると、神道が半分で、儒教と仏教は各四分の一だという。「神道は何を道とし、何に長じ何に短なり、儒道は何を教とし、何に長じ何に短なり、仏教は何を宗とし、何に長じ何に短なり、と考るに皆相互に長短あり、予が歌に『世の中は捨足代木の丈くらべそれこれ共に長し短し』と云しは、慨歎に堪ねばなり、仍て今道々の、専とする処を云はゞ、神道は開国の道なり、儒学は治国の道なり、仏教は治心の道なり、故に予は高尚を尊ばず、卑近を厭はず、此三道の正味のみを取れり、正味とは人界に切用なるを云、切用なるを取て、切用ならぬを捨て、人界無上の教を立つ、是を報徳教と云ふ、戯に名付けて、神儒仏正味一粒丸と云、其功能の広太なる事、挙て数ふべからず、故に国に用れば国病癒え、家に用れば家病癒へ、其外荒地多きを患る者、服膺すれば開拓なり、負債多きを患る者、服膺すれば返済なり、資本なきを患る者、服膺すれば資本を得、家なきを患る者、服膺すれば家屋を得、農具なきを患る者、服膺すれば農具を得、其他貧窮病、驕奢病、放蕩病、無頼病、遊惰病、皆服膺して癒ずと云事なし、衣笠兵太夫、神儒仏三味の分量を問ふ、翁曰、神一匕《さじ》、儒仏半匕《さじ》づゝなりと、或傍に有り、是を図にして、三味分量此の如きかと問ふ、翁一笑して曰、世間此の寄せ物の如き丸薬あらんや、既に丸薬と云へば、能混和して、更に何物とも、分らざる也、此の如くならざれば、口中に入て舌に障り、腹中に入て腹合ひ悪し、能々混和して何品とも分らざるを要するなり、呵々」と。

二宮尊徳はキャッチフレーズの名人であるが、ここでも神儒仏三教の立場と意味と特色を一言で言い切り、比較している。神道は「開国の道」、儒教は「治国の道」、仏教は「治心の道」という言い方で。この言い方は直截かつ言い得て妙で見事である。

しかもその神儒仏総合論を誰にもわかるように、「神儒仏正味一粒丸」とか「三味一粒丸」とかと名付けて、それを服用したらどれほどの難病でもよくなるとか、噛んで含めるようにわかりやすく説明し、効用を説いた。

この二宮尊徳の「世直し」平和論は「推譲」論である。つまるところ、「譲り合う」精神と行為。それは贈与や共益や献身とも関係する。「譲る」ことで自己も他者も共に活かす。「共助」や「公共」のありようは、「分度」の自覚と「推譲」のやり方にある。

二宮尊徳はこの「推譲」を天照大神の教えた道と捉える。尊徳は「神道」とは「天地開闢」にして万物生成の道で、それは儒教や仏教以前からの道であるとする。そこで、彼は神道が根本で儒教や仏教は枝葉であるという独自の根本枝葉果実説を述べる。そして、天照大神が「推譲」によって人道を立てたことにより、茫々たる「豊葦原」が水稲米作によって稲穂のたわわに実る「瑞穂の国」になったという。この天照大神の「開国の術」は「推譲」であった。この「推譲」によって初めて「人道」が立ち、国家が安泰となったとする。

二宮尊徳の天照大神推譲による開国論は、しかし正確ではない。正確に言うならば、先に見たように、「推譲」は大国主神によって始まったというべきである。それが大国主神の「国作り」と「国譲り」で、その典拠は『古事記』にある。大国主神こそ、二宮尊徳の説いた「分度」と

「推譲」を実践した神である。

第七節　現代世直し光——石牟礼道子『苦界浄土』

大本は「世直し」宗教であった。その大本の出口王仁三郎の「霊学」の思想的源泉が平田篤胤の国学であったとすれば、「日本人の幸福の探求と実現」を目指した柳田國男の「民俗学」も同根であったと言える。そうした「霊学」と「民俗学」が交差し、「原始」の息吹きの中できわめて幸福かつ悲劇的に溶け合っているかに見えるのが石牟礼道子である。

石牟礼道子の胸を衝く言葉の数々の中で、とりわけ目に触れるたびに峻厳にして哀切を感じるのが次の言葉だ。

「まぼろしの湖の上にひらくひとすじの道をあるいて／まだ息絶えぬ原始を看取りに／わたしは急ぐ」（「木樵り」）。

昭和三十年代、水俣病が顕在化する過程で発せられたこの詩の言葉が、石牟礼道子の生涯を貫き告げている。その言葉は、荒野を歩く預言者、岬の突端で常世に霊送りするシャーマン、深い森の中で蹲って草木虫の声々に耳を傾ける巫女山姥、大都市を雷神の如く駆け抜ける閃光馬を想い起こさせる。そして、観世音菩薩が三十三身に化身して衆生済度の業を果たすように、そのさまざまなる声と振る舞いによって、「花の億土」への道が啓かれる。

そのふかぶかとした、しかし透明な、黙示録的な祈り。石牟礼道子のまぎれもなくローカルな声や言葉がいつしか普遍の澄明さを帯びてゆく。そこに不思議な言霊の力を垣間見る。詩というものの意味を超えて響き渡る音声が肺腑を抉りながらも優しく染み透る。

石牟礼道子が生来保持してきた存在感覚は、森羅万象に神仏が宿り、霊性が備わり、そのままで成仏し神聖であるというような、アニミスティックな天台本覚思想と共通するものであった。だがそこに一つの亀裂と陰影が入る。水俣病という病苦と社会苦と環境苦を通じて。

そこで、『苦海浄土――わが水俣病』は、末法思想の登場した中世に顕在化した凡夫や業苦の自覚や代受苦の思想とも通じていく。そこにおいては、胎児性水俣病として生まれついた杢太郎少年（九歳）が魂の深い「いちばんの仏さま」であることが江津野老人によって語られる。江津野老人のまなざしはすべての衆生に仏性を見出して礼拝した法華経の常不軽菩薩の精神と通底する。もっとも深刻な胎児性水俣病という病苦におかされた者こそが「いちばんの仏さま」に反転するという、慈悲と諦念に満ちたパラドクシカルな逆神化のまなざし。煩悩即菩提という中世的な逆理の射像。本覚思想と代受苦思想との咬合。メチル水銀に侵された水俣の「苦海」こそが汚濁に満ちた現世の中に「浄土」や神仏を顕現させる場所と機縁となるという逆説。

石牟礼道子が紡ぎ出すのは、そのような、「苦海浄土」の逆理的な残虐なる美しい福音である。石牟礼道子の著作『花の億土へ』（藤原書店、二〇一四年）には、この江津野老人の語りが、「その人が神様と思ったのはなんでも神様になる」と語り継がれているが、それはすべての衆生に仏性を見出し礼拝する常不軽菩薩と通底する天台本覚思想の存在感覚である。

『苦界浄土』の中で、胎児性水俣病を患う江津野杢太郎少年の祖父は、焼酎の酔いに浸りながら次のように杢太郎に独り語る。

「杢よ。お前やききわけのある子じゃっで、ようききわけろ。お前どま、かかさんちゅうもんな持たんとぞ。

お前やのう、九竜権現さんも、こういう病気はしらんちいわいた水俣病ぞ。（中略）かかさんのことだけは想うなぞ。想えばお前がきつかばっかりぞ。

思い切れ。思い切ってくれい、杢。

かかさんの写真な神棚に上げてある。拝めねえ。拝んでくれい。かんにんしてくれい。お前ばこのよな体に成《な》かして。

神棚にあげたで、かかさんなもう神さんぞ。この世にゃおらっさん人ぞ。みてみれ、うちの神棚のにぎやかさ。一統づれ並んどらすよ神さんたちの。あの衆《し》たちば拝んでおれば、いっちょも徒然《とぜん》のうは無かぞ。

お前やね、この世に持っとるばってん、あの世にも、兄貴の、姉女のと、うんと持っとる訳ぞ。この家にこらす前じゃあるが、同じかかさんの腹から生まれた赤子ばっかり。すぐ仏さんにならいた。ここに在《お》らす仏さんな、お前とはきょうだいの衆たちぞ。

石の神さんも在らすぞ。

あの石は、爺やんが網に、沖でかかってこらいた神さんぞ。あんまり人の姿に似とらいたで、爺やんが沖で拝んで、自分にもお前どんがためにも、護り神さんになってもらおうと思うて、この家に連れ申してきてすぐ焼酎《おみき》ばあげたけん、もう魂の入っとらす。あの石も神さんち思うて拝め。
爺やんが死ねば、爺やんち思うて拝め。わかるかい杢。お前やそのよな体して生まれてきたが、魂だけは、そこらわたりの子どもとくらぶれば、天と地のごつお前の魂がずんと深かわい。泣くな杢。爺やんのほうが泣こうごたる。（中略）
あねさん、この杢のやつこそ仏さんでござす。
こやつは家族のもんに、いっぺんも逆らうちゅうこつがなか。口もひとくちもきけん、めしも自分で食やならん。便所もゆきゃならん。それでも目はみえ、耳は人一倍ほげて、魂は底の知れんごて深うござす。一ぺんくらい、わしどもに逆ろうたり、いやちゅうたり、ひねくれたりしてよかそうなもんじゃが、ただただ家のもんに心配かけんごと気い使うて、仏さんのごて笑うとりますがな。（中略）
おるげにゃよその家よりゃうんと神さまも仏さまもおらずばって、杢よい、お前こそがいちばんの仏さまじゃわい。爺やんな、お前ば拝もうごだる。お前にゃ煩悩の深うしてならん。
あねさん、こいつば抱いてみてくだっせ。軽うござすばい。木で造った仏さんのごたるばい。よだれ垂れ流した仏さまじゃばって。あっはっは。おかしかかい杢よい。爺やんな酔いくろうたごたるねえ。ゆくか、あねさんに。ほおら、抱いてもらえ。(5)」
ここでは「神棚」に上げられたものはみな「神さん」となり、胎児性水俣病として生まれついた李太郎少年こそが魂の深い「いちばんの仏さま」となる。煩悩即菩提。論理を超えた救済への美しくも残酷な福音。

こうして、石牟礼道子は、顕幽の両界を覗き見、往き来しながら、凸と凹との反転と逆理を見つめ続ける。光と闇。仏と魔。病気と健康。煩悩と悟り。そのような現象的な二元対立を柔らかくねじり繋ぐまなざしをもって。

金大偉の映画「花の億土へ」（二〇一三年製作）は、その石牟礼道子の声と言葉と詩歌とそのまなざしの身体を、自然曼荼羅的な映像の美しさとともに描き出して、わたしたちの身と心と魂を震わせる。静かに、しかも激しく。預言者的な牽引力で。

『花の億土へ』の中で石牟礼道子は実にいろいろな力と表情を持つ言葉を発している。石牟礼道子の静かであるがしかし地熱と強度を帯びた言葉と声を聴いているうちに、一三〇〇年近く前に記された『日本書紀』神代巻下の中の、「彼《そ》の地《くに》に、多《さわ》に螢火《ほたるび》の光《かかや》く神、及び蠅声《さばえな》す邪《あ》しき神有り。復草木《またくさき》咸《ことごとく》に能《よ》く言語《ものいうこと》有り」という言葉を想い出す。

その昔、日本列島には蛍の火のように火を噴いて輝き、ざわざわぶんぶんと蠅のように騒がしくうるさい怪しく荒ぶる神々がたくさんいて、草木もみな言葉を発していたという一節である。『日本書紀』では、そこに天から日向の高千穂の峰に降りてきた神が「彼の地」を平定していくさまが描かれ、それが天孫降臨神話とされるのだが、石牟礼道子はそんな「平定」などという暴力が起こる前の「草木ことごとくによく言語《ものい》う」世界の至福と生命的平等世界を呼び戻そうとする。「人類」という制限された特権的な暴力を内含する類概念ではなく、魚も鳥もあらゆる生命も含まれる「生類」という言葉を使って、その「生類の親様」のいる「海霊の宮」のいのちの源泉と息吹を取り戻そうとする。

そして、「文明」と「民間信仰」が「両立」する、アニミスティックでやおよろず的な生命文明の世界を希求し、実現しようと奔走する。「まだ息絶えぬ原始を看取り」に。いや、その息を甦らせるために。能「不知火」はその甦りの祈りの鎮魂劇である。

石牟礼道子は語る。「根が絡みあって、渚に生えている巨樹」、その「アコウの木」の「根元に石がいれてあって龍神様を祀ってあるんです」、「原初というのは、かろうじてそういう形で残っています」、「そういう一本の木がもっている呼びかける力というのは、大変なものだと思います」と。

『花の億土へ』は、「毒死列島」日本から、このような生きとし生けるものが呼び交し合う「草木ことごとくによく言語《ものい》う」世界の息吹きを取り戻そうとする、静かな、しかし激しい闘いと交響のメッセージである。いのちとたましいに深く耳傾け、その声を聴きとることなしに、「世直し」も「心直し」もないのである。

(1)「三条教則」とは、「第一条　敬神愛国ノ旨ヲ体スヘキコト。第二条　天理人道ヲ明ニスヘキコト。第三条　皇上ヲ奉戴シ朝旨ヲ遵守セシムヘキコト」である。神を敬い、国を愛し、天理人道にのっとり、天皇をいただき政府の命令にしたがうことが国民強化の三大原則とされた。「十一兼題」とは、「神徳皇恩、人魂不死、天神造化、顕幽分界、愛国、神祭、鎮魂、君臣、父子、夫婦、大祓」の論題をいう。また「十七兼題」とは、「皇国国体、道不可変、制可随時、皇政一新、人異禽獣、不可不学、不可不教、万国交際、国法民法、律法沿革、租税賦役、富国強兵、産物制物、文明開化、政体各種、役心役形、権利義務」の論題を指す。前者は神道信仰や倫理道徳の論題、後者は政治経済や近代的諸制度の論題であった。

（2）「御霊魂のことわけ」『出口王仁三郎著作集』第一巻所収、読売新聞社、一九七二年。鎌田東二「神話的創造力と魂の変容――出口王仁三郎と折口信夫をめぐって」『現代思想』一九八三年十月号、青土社（後に、鎌田東二『神界のフィールドワーク――霊学と民俗学の生成』創林社、一九八五年に収録）。これに関して、折口信夫は、昭和二十一年六月二十三日にNHKラジオ第一放送で講演した「神道の新しい方向」の中で、「神道では、これまで宗教化するといふことをば、大変いけないことのやうに考へる癖がついてをりました。つまり宗教として取り扱ふことは、神道の道徳的な要素を失つて行くことになる。神道をあまり道徳化して考へてをります為に、それから一歩でも出ることは道徳外れしたもの、やうにしてしまふ。神道は宗教ぢやない。宗教的に考へるのは、あの教派神道といはれるもの同様になるのと同じだといふ、不思議な潔癖から神道の道徳観を立て、、宗教に赴くことを、極力防ぎ拒みして来てゐました。われ〳〵の近い経験では――勿論われ〳〵は生れてをらぬ時代ですが――明治維新前後に、日本の教派神道といふものは、雲のごとく興つて参りました。どうしてあの時代に、教派神道が盛んに興つて来たかと申しますと、これは先に申しました潔癖なる道徳観が、邪魔することが出来なかつた。一旦誤られた潔癖な神道観が、地を払うた為に、そこにむら〳〵と自由な神道の芽生えが現れて来たのです。たゞ此時に、本当の指導者と申しますか、本当の自覚者と申しますか、正しい教養を持つて、正しい立場を持つた祖述者が出て来て、その宗教化を進めて行つたら、どんなにい、幾流かの神道教が現れたかも知れないのです。たゞ残念なことに、さういふ事情に行かないうちに、ばた〳〵と維新の事業は解決ついてしまひました」と述べている。

折口信夫は（神社）神道が道徳化して宗教ではないとする明治維新期の動向を否定し、神道が「本当の自覚者」を得て「神道教」になることを望んだ。「い、神道教」が現われるためには、「本当の指導者」「本当の自覚者」「正しい教養を持つて、正しい立場を持つた祖述者」が出て、「宗教化」を進めることが必要であるが、残念ながらそのような方向には進まなかったと述べ、上記講演のほぼ二ヶ月後の八月二十一日に関東地区神職講習会で行なった講演「神道宗教化の意義」では、「一般に宗教神道は陰陽道の神、方角をおそれる金神の信仰などが基礎になつてゐる。必ずしも金光教に限らず、教派神道の多くは金神にふれ、金神をおそれて、自覚状態に這入つた教祖が多い。金神は神道でもなく、仏教や儒教でもなく、日本人が昔から持つてゐた生活上に於ける修験道の崇避様式の変化だ。しかしともかく出来上がつた上では、宗派神道として存在してゐることは、宗派神道の信者にとつては幸福である。さういふ信者が少しでも世間をゆたかにするなら、我々にとつても幸福なのに違ひはない。大本教を信じてゐた人々も、その周囲の人に幸福をもたらしたに違ひない。あの時のことは、何万人の人を不幸にしたに違ひない。だからあの調査の時、どちらが悪いか良いか訣らないで、結局今では、あの調べを再認識する必要がある」と述べている。さらに、折口信夫は、昭和二十六年十二月には、「ほんたうに、宗派神道と認められるものは、これから出てくるのでありませう。神社・宗派・民俗、さうした綜合の上に、大きな自在な宗教が出てくるのではないかと思ひます」（「神道」『宗教研究』第一二八号）と述べている。

（3）　この点については、鎌田東二『古事記ワンダーランド』（角川選書、角川学芸出版、二〇一二年）を参照されたい。

（4）　この点については、鎌田東二『神と仏の精神史――神神習合論序説』（春秋社、二〇〇〇年）を参照されたい。

（5）　石牟礼道子は『苦海浄土』の文庫版あとがきの中で、「白状すればこの作品は、誰よりも自分自身に語り聞かせる、浄瑠璃のごときもの、である。このような悲劇に材をもとめるかぎり、それはすなわち作者の悲劇でもあることは因果応報で、第二部、第三部執筆半ばにして左眼をうしない、他のテーマのこともあって、予定の第四部まで、残りの視力が保てるか心もとなくなった。視力より気力の力がじつはもっと心もとないのである」と記している。石牟礼道子の作品については、『石牟礼道子全集』全十八巻（藤原書店、二〇〇四〜二〇一三年）参照。

第二章　世直し芸術運動の冒険――柳宗悦と宮沢賢治と出口王仁三郎

第一節　芸術と宗教と世直し思想

柳宗悦（一八八九―一九六一）と宮沢賢治（一八九六―一九三三）と出口王仁三郎（一八七一―一九四八）は、それぞれ独自の「世直し」的芸術運動を展開した。柳は民藝運動、賢治は農民芸術運動、王仁三郎は民衆宗教芸術運動を。そしてそれぞれ日本民藝協会・日本民藝館、羅須地人協会、明光社という芸術運動集団を組織し、独自の芸術理念を掲げて芸術社会運動を展開した。

柳宗悦は、大正十五年（一九二六）、「日本民藝美術館設立趣旨」を発表し、昭和九年（一九三四）に「日本民藝協会」を発足させ、昭和十一年（一九三六）、倉敷の実業家大原孫三郎の支援を得て、東京駒場（目黒区）に「日本民藝館」を開設し、民藝運動の牙城としていった。

一方、宮沢賢治は、大正十五年（一九二六）、「羅須地人協会」を設立し、同年『農民芸術概論綱要』を発表する。

そして、出口王仁三郎は、昭和二年（一九二七）、「明光社」を設立し、「芸術は宗教の母である」というスローガンを掲げて、民衆宗教芸術生活運動を展開した。興味深いのは、宮沢賢治も出口王仁三郎もともにエスペランチストであった点である。

彼らはともに、大正末期から昭和前期にかけて、ほぼ同時期に、だがそれぞれ別個に、社会的に大きなインパクトを与えた民衆芸術運動を展開していった。彼らは同時代に三者三様の民衆芸術運動を展開したが、そこには共通の〝民衆芸術〟への願があった。そしてその三者三様の民衆芸術活動は彼らの奥深い宗教的感情と宗教思想を水脈としていた。

この当時、大本の教祖であった出口王仁三郎は、世の立替立直しを掲げて急激な教線拡大を果たし国会で問題視された。宗教哲学者・柳宗悦も「白樺」の活動を通して言論界に大きな社会的影響力を持っていた。

彼らに較べると、その頃、宮沢賢治の名を知る人はほとんどいなかった。宮沢賢治は社会的影響力を持たない、無力で無名の東北の一青年にすぎなかった。が、結果的には、宮沢賢治の芸術運動は後世に大きな指針と影響を及ぼすことになる。

これら三者三様の芸術運動の核心をなす芸術論や芸術思想と時代背景を考察し、大正末期から昭和初期に華々しく展開された世直し的民衆芸術運動の理念とその特質とを浮かび上がらせつつ、心の荒廃の時代となった現代に引き継ぐべき課題について考えてみたい。

第二節　ハレー彗星インパクト――明治四十三年（一九一〇）のスピリチュアルムーブメント

大正期の世直し芸術運動の展開を検討する前に指摘しておきたいことがある。明治四十三年（一九一〇）問題である。この年は、世界史のターニングポイントとなった記念すべき年であった。その年、地球上に初めて世界同時性の意識と地球史的危機意識が芽生え始めたといえるからだ。

この年、ハレー彗星が到来し、五月十九日に地球に最接近した。それにより、世界中に騒動が巻き起こった。ヨーロッパでは終末論的な破局がやってくるとまことしやかに語られ、日本では、彗星到来時には清浄な酸素を吸収することができないので、洗面器に水を張って長く息を止める練習をする人のことなどが報道された。有毒ガスを含んだ尾が地球を包み、生物は全滅すると噂され、パニックが起こった。

尾に含まれた大量の水素が地球上で大爆発を起こすと信じられ、欧米では地下室に籠ったり、郊外に逃げ出す人が続出し、岐阜県では自殺者まで出た。五月十九日付けの東京日日新聞には、「支那では爆竹で彗星を驚かして退散せしめるという奇抜な呪《まじない》があるようだが、米国ではハレー彗星が地球と衝突した場合、その厄を逃るるには、地中に潜っているが一番安全だといって、五六日前から穴居を始めた人があるそうだ。また、日本にも二三日前のこと、日向国延岡町の渡辺某妻は、十九日ハレー彗星が地球と衝突すると下界の人間は皆打殺されるという例の風説を信じて、逆上のあまり卒倒して遂に彼の世の人となった」との記事が載せられている。

この明治四十三年、すなわち一九一〇年という年は世界史のターニング・ポイントであった。同年の動きのいくつかを時系列に沿って列記してみる。

（一）二月十日以降、東京帝国大学文学部心理学助教授・福来友吉が透視実験を始める。
（二）四月一日、柳宗悦、武者小路実篤や志賀直哉らとともに「白樺」派を旗揚げする。
（三）四月二十五日、東京帝国大学内で、同年二月に熊本で行った「千里眼」の持ち主・御船千鶴子の透視実験の報告をし、話題を呼ぶ。
（四）五月十九日、ハレー彗星が最接近。
（五）五月二十五日、大逆事件が起こり、検挙が始まり、六月一日、幸徳秋水らが明治天皇暗殺計画の容疑で逮捕され、起訴される。
（六）六月十四日、柳田國男、岩手県遠野出身の佐々木喜善を話者としてまとめた『遠野物語』を三五〇部自費出版する。
（七）八月二十一日、南方熊楠が神社合祀反対運動により逮捕される。
（八）八月二十二日、韓国併合条約が締結される。
（九）八月二十四日、夏目漱石、伊豆の修禅寺で大喀血、大病を患う。喀血前後にウィリアム・ジェームズの遺著となる『多元的宇宙』を読破する。
（一〇）八月二十六日、アメリカの心理学者ウィリアム・ジェームズ死去（享年六十八歳）。

（一一）八月三十一日、学習院の教師であった西田幾多郎が京都帝国大学文科大学助教授に就任し、倫理学を担当する。

（一二）九月一日と十月一日、学習院高等部で西田幾多郎や鈴木大拙の教え子であった柳宗悦が『白樺』第一巻六号・七号に心霊科学研究の論文「新しき科学」を発表する。この頃、柳宗悦は東京帝国大学で福来友吉の「変態心理学」の授業を受ける。

（一三）同月、東京帝国大学で、福来友吉による御船千鶴子の透視実験が行われる。

（一四）同時期に、高橋五郎『心霊万能論』、ブラヴァツキー『霊智学概説』E・S・スティヴンソン・宇高兵作共訳、スェーデンボルグ『天界と地獄』鈴木大拙訳、など、心霊研究書の出版が目白押しとなる。

（一五）十一月二十日、ロシアの文豪レフ・トルストイ死去（享年八十二歳）。

（一六）十二月、柳田國男『時代ト農政』を出版する。この頃、柳田國男は、新渡戸稲造、牧口常三郎らとともに「郷土会」を発足させる。柳田國男はこの年に南方熊楠を知る。

（一七）正月明けて、一九一一年（明治四十四年）一月十八日、大審院が幸徳秋水ら二十四人に死刑判決を下す。一月二十四日、幸徳秋水ら十一人を死刑執行。一月二十五日、管野スガ、死刑執行される。

（一八）一月三十一日、西田幾多郎の『善の研究』が出版される。

（一九）同月、福来友吉の透視実験が詐欺呼ばわりされ、御船千鶴子は服毒自殺し、「念写」実験の協力者の長尾郁子も病死し、大正二年、福来友吉は東京帝国大学助教授を辞職する。

注意したいのは、ハレー彗星の影響によって地球規模の気象変化がどのように起こるのかまったく予測がつかなかったこともあり、この時、地球と生命の危機が強く意識せられ、世界同時性＝地球的同時性が認識され始めたことである。一九世紀以来の西欧諸国による植民地支配、通信・交通網の整備、新聞雑誌等の大衆メディアの隆盛によって、ハレー彗星到来は全地球的な問題となった。この時、地球という惑星の中で「世界は一つ」あるいは「惑星的運命共同体」という認識がリアリティを持ち始めたといえる。この年の大変化を、「ハレー彗星インパクト」あるいは「一九一〇年問題」と呼びたい。

第三節　柳宗悦における宗教と芸術

このような「ハレー彗星インパクト」の明治四十三年に学習院を卒業し、東京帝国大学文学部哲学科に入学した柳宗悦は新しい心理学を専攻しようと期待に胸を膨らませていた。その新しい心理学とは福来友吉が開拓しつつあったような、心霊研究を含む超心理学であった。

実はこの年、心理学の祖といえるウィリアム・ジェームズが死去しているが、ジェームズは明治二十七年（一八九四）に「心霊現象研究協会（Society for Psychical Research）」の第五代会長に就任し、二年間代表職を務めている。その後の明治三十四年（一九〇一）に『宗教的経験の諸相』を著して神秘的経験を考察の対象としたジェームズは、西田幾多郎や鈴木大拙に影響を与えただけでなく、福来友吉にも柳宗悦にも多大な影響を与え、今日のトランスパーソナル心理学の祖ともなっている。

ウィリアム・ジェームズが亡くなった五日後の八月三十一日に学習院教授から京都帝国大学助教授に就任して京都に移った西田幾多郎は、参禅体験に裏づけされた主客未分の「純粋経験」の問題を、正月明けてすぐ、わが国で最初の独創的な哲学書と評価されることになる『善の研究』と題して出版した。この「純粋意識」の問題はウィリアム・ジェームズが前記『宗教的経験の諸相』で取り上げた神秘体験における意識の変容状態についての、西田なりのアプローチでもあった。この時、人間の心の深層的な潜在能力についての直観と理論化がさまざまな角度から論じられ、それが西田の『善の研究』にもなり、鈴木大拙のスェーデンボルグの翻訳書『天界と地獄』となり、福来友吉の千里眼＝透視や念写の実験となり、柳宗悦の「新しき科学」の論考となったのである。西田は昭和二十年（一九四五）、死去する直前に「場所的論理と宗教的世界観」を発表し、そこで、「宗教は心霊上の事実である。哲学者が自己の体系の上から宗教を捏造すべきではない。哲学者はこの心霊上の事実を説明せなければならない」と述べている。興味深いのは西田が宗教を「心霊上の事実」として説明している点である。

このような中、学習院高等部で鈴木大拙から英語を学び、西田幾多郎からドイツ語を学んだ柳宗悦は、鈴木や西田の思想的格闘を間近に見ながら、学習院出身者によって旗揚げされて間もない『白樺』の最年少同人となり、同時代に大きな話題となっていた心霊研究を「新しき科学」として考察の対象にした。これが柳の実質的なデビュー作である。柳がハレー彗星とともに到来した『白樺』に超心理学について論考を掲載したのが、この年の九月と十月であった。

心霊研究を通して柳が興味を抱き、問題にしたのは、心とは何か、意識とはいかなる現象か、そして世界・宇宙とはどのような存在であるかという問題だった。「新しき科学」の中で、柳は「物象の世界」は「真の世界」ではなく、「仮の世界」で、それはただ「一つのシムボル」であり、「吾等が心あつて認識せられる」ものであると主張している。美醜を感じるのも、現象の背後に神秘不可思議を感じ認識するのも「心」である。そこで柳は、「吾人に残れる唯一の人生観は唯心論である、然り、科学的唯心論、こは物理学と今自分が説き来つた新しき科学とが齎らせる最終の結論である」と宣言している。

この時点での柳は、「世界」とは「宇宙の霊的意志の表現」にほかならないとし、それを「万有神論（Pantheism）」に結実すると考えた。そして、そこにこそ宗教と哲学と科学が「融合」される「唯一の最終点」があると見なしたのである。このアニミズムとも境を接する汎神論的世界観は、後に無名の陶工たちのものづくりの中に生命の充溢と「用の美」の発現を見て取った柳の生涯にわたる根源的な存在感覚であった。

若き柳にとって、心霊研究は新しい世界認識や自己認識に通じる道であった。しかしそこに新たな創造の業が加わらなければ、その世界認識も自己認識も現実的な力と喜びとはなりえない。柳は白樺派同人として創造と認識の境界を繋ぐ位置にいた。作家と科学者、芸術家と哲学者、創造者と認識者との狭間に立っていた。そしてその両者をどのように力強く繋ぐことができるかに生涯を賭けたといってよい。

柳は「新しき科学」の冒頭で「三つの科学」を区別する。(1) ①「人間とは何か」を問う生物学における人性の研究、②「物質とは何か」を問う物理学における電気物質論、③「心霊とは何か」を問う変体心理学における心霊現象の攻究、の三つである。中でも、柳は、新しい時代の「新しき科学」の最前線を「心霊現象の攻究」に見ていた。

「宗教と道徳の権威」が地に墜ちた理性の時代の「理知の文明」にあって、「人生の神秘」を明かにするのはもはや「古き信仰」ではなく、「新しき科学」であると柳は主張する。それは、「不可思議なる事実を只迷信」として葬り去った「過去の科学」とは異なり、「宇宙の神秘」を明らかにするもので、かつて哲学や宗教が問題にしてきた領域を対象とするという。つまり「心霊現象の攻究」の科学とは、端的に、「死後」の存在を証明する「新しき科学」だと宣言するのである。(2)

こうして柳は、一八八二年にロンドンで設立された「心霊現象研究協会（Society for Psychical Research）」を紹介し、精神感応、透視力、予覚、自動記述、霊媒、心霊による物理現象や妖怪現象などの超常現象についての「実証」を描き出す。その際、「今や多くの大なる科学者は此研究に向つて深き注意を払つて居る、特に此科学に貢献せる人の内には、現代一流の心理学者たるジェームズ（W. James）がある」と、「大なる科学者」あるいは「現代一流の心理学者」として、真っ先にウィリアム・ジェームズの名を挙げている。柳は明確に心霊研究家としてのウィリアム・ジェームズを意識し、顕彰していた。

こうして柳は、ジェームズを始め当時の錚々たる科学者の研究に論及しつつ、「心霊現象の攻究」の内容を吟味し、「過去の科学」が「科学的見解」の許に「死後の存在」すなわち「来世の存在」や「霊魂の不滅」を否定したのに対して、「新しき科学」はそれを「立証」したと評価する。そして、ウィリアム・ジェームズの仕事を引き合いに出しながら、心霊及び死後の実在を主張し、一切は宇宙の「心霊の影像」であり、世界とは「宇宙の霊的意志の表現」であると主張する。こうして、森羅万象に神や霊魂の宿りと働きを探知する「万有神論（Pantheism）」こそが、世界の実態にもっとも近接した「宗教、哲学及科学が融合せられる可き唯一の最終点」であると結論づける。(3) この汎神論的存在論は、「民藝」を発見した柳宗悦の生涯を貫く思想となり、その旋律は最初期の心霊研究から最晩年の美の浄土論まで柳の著作と活動の通奏低音として鳴り響いている。

柳はしかし、これ以上心霊研究の歩を進めることはなかった。そこには、福来友吉の休職と退官も関係があったであろう。実際、福来が辞職した大正二年（一九一三）の七月に東京帝国大学文科大学哲学科を卒業したが、卒業論文は「心理学は純粋科学たり得るや」という題目だった。「新しき科学」としての心霊研究を宣揚した柳にとっては、大学アカデミズム内の心理学の保守化は到底首肯できないものだった。卒業直前の六月には、翌年結婚することになる中島兼子に、「もう二度と大学には足を入れたくない気がしてゐる。Academy of Academy とは永遠の縁が切りたい」（六月二十三日付）と書き送っているほどである。

柳はこの後、親友となったイギリス人バーナード・リーチからの影響もあって、心理学からさらに一歩を踏み込んで、「宇宙の霊的意志」の内奥、すなわち「万有神論」の心霊的表現としてのウィリアム・ブレイクの神秘体験と神秘思想そのものの探究に歩を進め、大正三年、第一次世界大戦の起きた年に、七百頁にも及ぶ渾身の大著『ヰリアム・ブレーク――彼の生涯と製作及びその思想』（洛陽堂、一九一四年）を上梓する。

柳は、冒頭、「本書をバーナード・リーチに捧ぐ」という献辞を掲げ、その「序に」の中で、柳は「此の書はブレークに対する批評ではない。人間そのものの評価である。凡ての偉人は批評を無価値にする」と述べ、「自分は何等の躊躇なくブレークの偉大を是認し讃美する。（中略）彼の詩は錯雑な言葉からなる奇異な神話であり、彼の絵は現実を離れた恐怖の幻影であると評されている。彼の行動には粗野な原人の放逸があり、その姿には荒ぶる野獣の狂いがあった」、「彼の行為には壮大な積極的能動がある。彼はいつも粗野であり純一であり素朴であった。彼はアダムの様に衣を棄て丶野を山を闊歩した。彼は又その肉体にサムソンの様な力を宿してゐた。彼が言葉は又アルカディアの物語の様に野趣があつた」と称賛している。柳は、「宇宙意識（Cosmic Consciousness）」という言葉を用いて、ブレイクの神話詩と瞑想的絵画の世界を透察していった。それは日本で最初にイギリス・ロマン派の神秘家ウィリアム・ブレイクを本格的に論じた書物であった。

柳がいつしか「新しき科学」としての心霊研究に飽き足らなくなったのは、そこに人間性の探究の深化と創造の発露が見られなかったからであろう。心理学が物理学の植民地になっていくような実証主義アカデミズムの趨勢に対する反発もあったと思われる。

そのような反科学実証主義に向かおうとする柳にとって、ウィリアム・ブレイクは格好の指標となり先達となったのである。心霊研究から芸術創造、そして哲学的認識に至る道をブレイクは独自の先見的な形で辿っていたからである。

柳はブレイク論の中で、「霊性」という言葉で根源的な叡智の位相を表現している。(4) 柳は原人アルビオンが持つ四性を、①個性＝人性＝Humanity、②智性＝幽魔＝Spectre、③霊性＝流出＝Emanation、④欲性＝幽陰＝Shadowと位置づけ、この四性の「美はしい均等」、つまり調和やバランスがとれているのが「神の幻像」としての「人間を代表する原人アルビオン」であると主張する。

しかしやがて原人の調和の中に不均衡が現われ、知性と霊性の対立、あるいは欲性と霊性との対立を生んだ。柳は、「然し是等の平和が地に破れる時は遂に来た。痛ましい結果はその四性の分割であつた。特に『知性』対『霊性』の反目は拭ひ得ない悲劇の幕を人生の舞台に開いた」と述べている。人間の不幸はこの「分割」と「反目」に起因するが、同時にこの「分割」から生じる反発と対立こそが、同時に愛と結合の引力を生み出すのである。ブレイクはこの「四性」をまた「四ゾア（The Four Zoas）」とも言っている。

（一） 第一のゾア＝ユリズン（Urizen）＝知性＝南＝すべての人間に合理的法則を与える。
（二） 第二のゾア＝ルヴァー（Luvah）＝熱情＝東＝生命にひそむ強烈な興奮を示す。
（三） 第三のゾア＝サルマス（Tharmas）＝感覚＝西＝五感を以って精神を支える。
（四） 第四のゾア＝アルソナ（Urthona）＝本能・直観＝北＝霊感を意味する。

これら四つのゾアの中で、特に第四のゾアを「霊性」のゾアとし、ユリズンとアルソナは、束縛と自由、冷静と情熱、法則と神秘、自然と幻像の対立を生むが、それらは結合への衝動を宿しているとする。「知性」の神ユリズンに対して、「霊性」のゾアであるアルソナが「本能」や「直観」や「霊感」を象徴した「神」である。面白いのは、「直観」が「本能」とも言い換えられていることである。ブレイクにとって「直観」が人間のより深い本性に根ざしたはたらきであると認識されていたことがわかる。

感覚世界を超越した「想像の無限界」を捉えることができるのは「直観」によってである。柳はブレイクの言う「直観」を「経験の最も直接的であり純粋であり根本的なもの」と捉え、「実在」を把握できるのはこの「直観」のはたらきによると考えている。それゆえ、「直観とは実在の直接経験である」、「直観は実在を捕へ得る唯一の力である」、「一切の宗教的経験、又は芸術的恍惚の高調は悉く直観的常態を示している」、「直観とは主客の問題を絶滅した自他未分の価値的経験である」、「至純な経験の世界を指して彼は想像界と呼んでゐる」、「直観とは『想像』の経験である。『想像』の世界とは神の世界である。直観とはその真義に於て神を味わう心である」と述べるのである。

柳は、ブレイク的な「想像」は「至純な経験」によるものと見、「幻像」を想像界の「視覚化された状態」と捉えている。そしてその「直観」は「霊感」でもある。柳はこうしたブレイクの「直観」や「霊感」を「詩的天才」とも言い換え、「人類に神の世を示現し永遠の宗教を建設するものはただ詩的天才である」と記し、イスラエルの民が「詩的天才」を「第一原理」としていたことを指摘している。

こうして、柳の①心霊研究から②神秘主義研究、特に、ウイリアム・ブレイク研究や宗教哲学に向かった第二期の研究が、起承転結の「起承」に相当するとすれば、その次の「転結」は、③民族文化美および民藝美の研究と評価と実践的運動（特に、朝鮮文化美、後に、アイヌ文化美、沖縄文化美の研究と評価）、④仏教美の研究と評価（美信一如論、特に、妙好人評価）となって結実した。

大正五年（一九一六）以降、浅川伯教・巧兄弟の導きで柳は朝鮮半島の陶磁器の美を発見し、それを造形した朝鮮文化の創造性に深い敬意と親愛の念を抱き、何度か朝鮮に渡り交流を深めてゆく。その朝鮮の民族文化美の発見が、次にわが国の「下手物」と称された民衆の日用雑器の中の美しさの発見につながっていく。「無学な職人から作られたもの、遠い片田舎から運ばれたもの、当時の民衆の誰もが用ひしもの、下手物と呼ばれて日々の雑具に用ひられるもの、裏手の暗き室々で使われるもの、彩りもなく貧しき素朴なもの、数も多く価も廉きもの、この低い器の中に高い美が宿るとは、何の摂理であらうか。あの無心な嬰児の心に、一物をも有たざる心に、知を誇らざる者に、言葉を慎む者に、清貧に悦ぶ者達の中に、神が宿るとは如何に不可思議な真理であらう。同じその教へがそれ等の器にも活々と読まれるではないか」（「雑器の美」柳宗悦全集第八巻）と柳は述べているが、その「下手物」や「雑器」の「美」への開眼が、大正十五年（一九二六）の「日本民藝美術館設立趣旨」の発表を経て、昭和九年（一九三四）の「日本民藝協会」

の発足、そして昭和十一年（一九三六）の「日本民藝館」の開館をもたらし、「民藝」運動という画期的な民衆芸術運動に結実していくのである。

ここに至って、柳の心霊研究は神秘主義研究を経て、無名の職人の無心の心の中に現れる美の創造力と霊性の掘り起こしに結びつく。かくして、柳は言う。「仏の国に於ては美と醜との二がないのである」、「一切のものはその仏性に於ては、美醜の二も絶えた無垢のものなのである」、「人が美しいものを作るといふが、さうではなく仏自らが美しく作つてゐるのである。否、美しくすることが仏たることなのである。美しさとは仏が仏に成ることである。それは仏が仏に向つてなす行ひである。それ故仏と仏との仕事なのである。念仏は、人が仏を念ずるとか、仏が人を念ずるとか云ふが、真実には仏が仏を念じてゐるのである。一遍上人の言葉を借りれば、『念仏が念仏する』のである。『名号が名号を聞く』のである。凡て正しきものは、仏の行ひの中の出来事に過ぎない。美しきものは、仏が仏に回向してゐるその姿なのである」（「美の法門」全集第一八巻）と。それが柳の到達した「究竟」地の永遠性としての「美信一如」の境地であった。まさしくそれは宗教と芸術の究極的一致をめざす世直し思想と実践であった。

第四節　宮沢賢治における宗教と芸術

柳宗悦が「日本民藝美術館設立趣旨」を発表したのと同じ年、宮沢賢治は「羅須地人協会」を結成し、そのマニフェストたる『農民芸術概論綱要』を次のような詩のスタイルで書き始めた。

冒頭は、「序論……われらはいっしょにこれから何を論ずるか」という。

おれたちはみな農民である　ずゐぶん忙しく仕事もつらい
もっと明るく生き生きと生活する道を見付けたい
われらの古い師父たちの中にはさういふ人も応々あった
近代科学の実証と求道者たちの実験とわれらの直観の一致に於て論じたい
世界がぜんたい幸福にならないうちは個人の幸福はあり得ない
自我の意識は個人から集団社会宇宙と次第に進化する
この方向は世界が一の意識になり生物となる方向にある
正しく強く生きるとは銀河系を自らの中に意識してこれに応じて行くことである
われらは世界のまことの幸福を索めよう　求道すでに道である

ここで賢治は、「明るく生き生きと生活する道」を見つけ、実現するために、科学と宗教と芸術を結合しようと試みる。そこで賢治は、「近代科学の実証と求道者たちの実験とわれらの直観の一致」をめざすのである。科学的実証と宗教的体験（＝求道者たちの実験）と芸術的想像力と直観（＝われらの直観）の一致する境地へと赴こうとする。そしてその一致や結合や総合において、「自我の意識」は「個人から集団社会宇宙と次第に進化する」、つまり、よりトランスパーソナルな宇宙意識や超意識に超越し拡大すると言うのである。そして「世界が一の意識になり生物となる方向」に向かうと言う。そのような意識に向かおうとすることが「正しく強く生きる」ことであり、またそれは「銀河系を自らの中に意識」することであるという。

賢治は大正九年（一九二〇）に国柱会に入会し、熱烈な法華経信奉者となっていたが、例えば日蓮教学の用語である「法華一乗」とか「久遠実成の本仏」とか「菩薩道」とかの、信者の間で常用されていた宗教言語を一切用いず、むしろそれには潔癖といえるほどの禁欲的な態度で終始し、あえて「銀河系を自らの中に意識してこれに応じて行く」と詩的言語と科学言語の結合によって新たな意識の地平と次元（四次元）を切り拓いたのである。それは芸術と宗教と科学を取り結ぶ新しい概念の創出であり、意識の開発であった。

なぜそのような新たな概念や意識の創造が必要であったのか。その前提となる問題意識を賢治は、「農民芸術の興隆……何故われらの芸術がいま起こらねばならないか」の中でこう述べている。

曾つてわれらの師父たちは乏しいながら可成楽しく生きてゐた
そこには芸術も宗教もあった
いまわれらにはただ労働が生存があるばかりである
宗教は疲れ近代科学に置換され然も科学は冷たく暗い
芸術はいまわれらを離れ然もわびしく堕落した
いま宗教家芸術家とは真善若しくは美を独占し販るものである

われらに購ふべき力もなく又さるものを必要とせぬ
いまやわれらは新たに正しき道を行きわれらの美をば創らねばならぬ
芸術もてあの灰色の労働を燃せ
ここにはわれら不断の潔く楽しい創造がある
都人よ　来たってわれらに交れ　世界よ　他意なきわれらを容れよ

かつて「われらの師父たち」の時代（例えば釈迦や最澄や日蓮の生きた時代）は、貧しかったかもしれないが、人々は「楽しく生きてゐ」て、そこには「芸術も宗教もあった」。だが今「宗教は疲れ」て「近代科学に置換され」ている。その「科学」はしかし「冷たく暗」く、人々を明るく楽しくしない。その上、芸術も人々を離れて「わびしく堕落し」ている。現在、宗教家も芸術家もいるにはいるが、それは「真善美」を「独占」し販売する特権階級に成り下がっている。そんなものはもはや必要はないのだ。今必要なのは、「新たに正しき道を行」くことであり、そこで「われらの美」を創造することなのである。芸術の想像力を駆使して「灰色の労働」を燃やし、「楽しい創造」活動を繰り広げることで、楽しい世直しをして行くのだ。賢治はそう力強く提起する。

そしてこの「農民芸術の本質」すなわち「われらの芸術の心臓」とは、「宇宙感情の　地　人　個性と通ずる具体的なる表現である／そは直観と情緒との内経験を素材としたる無意識或は有意の創造である／そは常に実生活を肯定しこれを一層深化し高くせんとする／そは人生と自然とを不断の芸術写真とし尽くることなき詩歌とし／巨大な演劇舞踊として観照享受することを教へる／そは人々の精神を交通せしめ　その感情を社会化し遂に一切を究竟地にまで導かんとする／かくてわれらの芸術は新興文化の基礎である」と言う。

賢治にとって「農民芸術」とは単に農民の手すさびとか伝統的な芸術の学びとかではけっしてない。それは「宇宙感情」の「具体的なる表現」であり、「直観と情緒との内経験」を「素材」としてはたらく「無意識」的かつ意識的「創造」なのである。柳においても、また西田幾多郎においても、「直観」や「純粋経験」が最重要な心のはたらきであったが、賢治にとってはそれが「銀河意識」と感応する「内経験」の「無意識」である。それを生き生きと活動させて「人々の精神を交通せしめ　その感情を社会化し」、そして「一切を究竟地」にまで導こうとする。柳宗悦の言葉を借りれば、それこそが「美信一如」であり「美の浄土」であり、「美の法門」であろう。賢治も柳も存在世界一切の「究竟地」をめざしたのである。

賢治は、「農民芸術の（諸）主義……それらのなかにどんな主張が可能であるか」の中で、「四次感覚は静芸術に流動を容る／神秘主義は絶えず新たに起るであらう」と記し、「農民芸術の製作……いかに着手しいかに進んでいったらいいか」の中で、「世界に対する大なる希願をまづ起せ／強く正しく生活せよ　苦難を避けず直進せよ／（中略）諸作無意識中に潜入するほど美的の深と創造力はかはる／（中略）無意識即から溢れるものでなければ多く無力か詐為である／（中略）風とゆききし　雲からエネルギーをとれ」と言い、「農民芸術の産者……われらのなかで芸術家とはどういふことを意味するか」の中で、「職業芸術家は一度滅びねばならぬ／誰人も皆芸術家たる感受をなせ」と呼びかけ、農民の中から「多くの解放された天才」が輩出するのを待ち望んだ。そしてたくさんの農民芸術家が登場する時、そこは、日蓮の言う「寂光浄土」であり、「個性の異る幾億の天才も併び立つべく斯て地面も天となる」地上の天国が実現すると考えたのである。

こうして賢治は、「結論」として、「われらに要るものは銀河を包む透明な意志、巨きな力と熱である」と不思議なメッセージを発するのである。この賢治の『農民芸術概論綱要』は彼の周囲の農民にはほとんど理解不可能な戯言に近い遊民的言語であっただろう。しかし、それが発されて九十年が経った二十一世紀初頭の現在、賢治の言葉はこの時代の未来を切り拓く創造の言葉として浮かび上がり、はたらき始める。それは予言的予知的言語であった。

大正十四年(一九二五)二月九日、賢治は年少の友人森佐一に、「前に私の自費で出した『春と修羅』も、亦それからあと只今まで書き付けてあるものも、これらはみんな到底詩ではありません。私がこれから、何とかして完成したいと思って居ります、或る心理学的な仕事の支度に、正統な勉強の許されない間、境遇の許す限り、機会のある度毎に、いろいろな条件の下で書き取って置く、ほんの粗硬な心象のスケッチでしかありません。私はあの無謀な『春と修羅』に於て、序文の考を主張し、歴史や宗教の位置を全く変換しようと企画し、それを基骨としたさまざまの生活を発表して、誰かに見てもらいたいと、愚かにも考えたのです。あの篇々がいいも悪いもあったものではないのです。私はあれを宗教家やいろいろの人たちに贈りました。その人たちはどこも見てくれませんでした。」(『校本宮沢賢治全集』第一三巻、筑摩書房)と手紙を出している。

ここで賢治は、『春と修羅』は「詩」ではなく「心象スケッチ」にすぎず、それは「或る心理学的な仕事の支度」のための下書きのようなものだと位置づけている。この「或る心理学的な仕事」とは、福来友吉や初期の柳宗悦が研究していた、透視やテレパシーなどの超心理学的な現象の解明の仕事だったと思われる。というのも、『春と修羅』の「序」の最後のパートに、「これらの命題は／心象や時間それ自身の性質として／第四次延長のなかで主張されます」と記され、また『銀河鉄道の夜』第三次稿に出てくるブルカニロ博士は、ジョバンニにテレパシー実験をしているからである。ブルカニロ博士はジョバンニに、「ありがたう。私は大へんいゝ、実験をした。私はこんなしづかな場所で遠くから私の考を人に伝へる実験をしたいとさっき考へてゐた。お前の云った語はみんな私の手帳にとってある。さあ帰っておやすみ。お前は夢の中で決心したとほりまっすぐに進んで行くがいゝ。そしてこれから何でもいつでも私のとこへ相談においでなさい」と語っている。

『春と修羅』で言う「第四次延長」とブルカニロ博士が言う「実験」とは密接につながっている。「遠くから私の考を人に伝へる実験」とはテレパシーの実験以外にはない。賢治はこのような「実験」を含む「或る心理学的な仕事」の実行を構想していた。まさにそれは宗教体験と芸術的想像力と科学的実証が融合した「究竟地」への扉を開く研究であり、それに基づく世直し的農民芸術運動であった。

第五節　出口王仁三郎における宗教と芸術

出口王仁三郎は大正十年二月（一九二一）に起こった第一次大本事件後の、同年十月十八日より『霊界物語』の口述筆記を始めた。その『霊界物語』第六十五巻「総説」で王仁三郎は、「芸術と宗教とは、兄弟姉妹の如く、親子の如く、夫婦の如きもので、二つながら人心の至情に根底を固め、共に霊最深の要求を充たしつつ、人をして神の温懐に立ち遷らしむる、人生の大導師である。地獄的苦悶の生活より、天国浄土の生活に旅立たしむる嚮導者である。ゆゑに吾々は左手を芸術に曳かせ、右手を宗教に委ねて、人生の逆旅を楽しく幸多く、辿り行かしめむと欲するのである。矛盾多く憂患繁き人生の旅路をして、さながら鳥謳ひ花笑ふ楽園の観あらしむるものは、実にこの美しき姉妹、即ち芸術と宗教の好伴侶を有するがゆゑである。もしもこの二つのものがなかつたならば、いかに淋しく味気なき憂き世なるか、想像出来がたきものであらうと思ふ。人生に離れ難き趣味を抱かしむるものは、ただこの二つの姉妹の存在するがゆゑである」と述べている。

つまるところ、芸術は「美の門より、人間を天国に導かむとするもの」、宗教は「真と善との門より、人間を神の御許に到らしめむとするもの」で、究極にはともに「神の御許＝天国」に向わしめるものとするのである。それらはともに「人生の大導師」であり、右手と左手、あるいは親子兄弟姉妹夫婦のように相互補完的に成立するものと考えているのである。

出口王仁三郎の芸術論によれば、芸術は「自然美＝形体美」を介して「天国」の「風光」を偲ばせるもので、その「極致」は「自然美の賞翫悦楽により、現実界の制縛を脱離して、恍として吾を忘るるの一境にある」とされる。それに対して、宗教は「霊性内観の一種神秘的なる洞察力によりて、直ちに人をして神の生命に接触せしむるもの」で、その「極致」は「永遠無窮に神と共に活き、神と共に動かむと欲する、霊的活動の向上発展」にして「精神美＝人格美」の完成にあるとされる。つまり、無媒介的に直接「神智、霊覚、交感、孚応」によって「霊界の真相を捕捉せしめむとする」のが「宗教本来の面目である」と主張するのである。

こうして、「真の芸術なるものは生命あり、活力あり、永遠無窮の悦楽あるものでなくてはならぬ」とされ、「造化の偉大なる力によりて造られたる、天地間の森羅万象は、何れも皆神の芸術的産物である。この大芸術者、即ち造物主の内面的真態に触れ、神と共に悦楽し、神と共に生き、神と共に動かむとするのが、真の宗教でなければならぬ。瑞月（注―王仁三郎のこと）が霊界物語を口述したのも、真の芸術と宗教とを一致せしめ、以て両者共に完全なる生命を与へて、以て天下の同胞をして、真の天国に永久に楽しく遊ばしめんとするの微意より出でたものである。そして宗教と芸術とは、双方一致すべき運命の途にあることを覚り、本書（『霊界物語』）を出版するに至つたのである」と結論される。

ここには、世直し芸術と宗教の究極的一致、すなわち、真善美の統合的一致の究竟にして神聖遊戯の実演としての「世の立て替へ立て直し」すなわち「地上天国」建設の理念が説かれている。

宗教と芸術との関係について、王仁三郎はまた、「芸術は宗教の母」であるとも説いている。

この場合の「芸術」は大自然の宇宙的創造力を指す。「わたしはかつて、芸術は宗教の母なりと謂ったことがある。しかしその芸術というのは、今日の社会に行わるるごときものをいったのではない。造化の偉大なる力によって造られたる、天地間の森羅万象を含む神の大芸術をいうのである。（中略）明光社（注―現「楽天社」）を設けて、歌道を奨励し、大衆芸術たる冠句を高調し、絵を描き文字を書き、楽焼をなし、時に高座に上って浄瑠璃を語り、ぼんおどり音頭をさえ自らとっておるのである。神の真の芸術を斯の上に樹立することが、わたしの大いなる仕事の一つである」（『月鏡』）。

このように、「神の大芸術」を讃美しつつ、実際に昭和二年（一九二七）に明光社という芸術結社を結成して展開した芸術運動は、娯楽性を伴った、短歌、冠句、絵画、書、陶芸、浄瑠璃、盆踊り音頭、演劇、映画などの大衆芸術・芸能活動で、大らかな笑いと活力に満ち溢れたものであった。そこには破天荒な包容力と、貪欲とも一徹ともいえる創造力の全面展開で、それを読み、見る者を微笑ませ、爆笑させ、解放させるエネルギーに満ち溢れていた。

また同書の別の箇所には、「わたしが、宗教が芸術を生むのではなく芸術が宗教の母であると喝破したのは、今の人のいう芸術のことではないのである。造化の芸術をさして言うたのである。日月を師とする造化の芸術の謂いである。現代人の言うている芸術ならば、宗教は芸術の母なりという言葉が適している」と述べている。

このように「宗教は芸術の母」というのも、「芸術は宗教の母」というのも、根本的に変わるものではない。なぜならその芸術とは「天地間の森羅万象を含む神の大芸術」を指しているからである。出口王仁三郎においては、最高最大の芸術家は「神」である。重要なのは、王仁三郎が芸術というものの核心を人間的創造力を超える「自然の造化力」に見、甚だ自然信仰に近い芸術観を抱いていた点である。これはまた古代日本人の「むすび（産霊）」の信仰ともつながるものである。

王仁三郎は、「大本には基督教も仏教も其他各国の宗教信者も集まって来て互にその霊性を研き、時代に順応したる教義を研究する所であります」（機関誌『神霊界』）と大本＝霊性研鑽の場であると主張した。それは「万教同根」という信念に基づく超宗教的な普遍性を「霊性」に見る立場であった。そうした「霊性」の発露であり、涵養の場として宗教も芸術もあったのである。そのような「霊性」が真善美の統合的一致の究竟に至る過程を王仁三郎は「世の立て替へ立て直し」すなわち「地上天国」建設の世直し宗教芸術運動として展開していったのである。

以上、ほぼ同時代を生きた三人の独自の宗教芸術運動を見てきた。彼らに共通するのは、第一に直観を重視すること、第二に芸術を人間性および霊性の深化や世直し・心直しと連動させようとしたこと、第三に宗教と芸術との究竟的一致をめざしたこと、第四に心霊的かつ超心理学的かつシャーマニスティックな霊的感覚を重視し取り込もうとしたこと、である。

大正時代は、生命主義思想が流行し、諸種の生活芸術運動が展開された。その中で、柳宗悦と宮沢賢治と出口王仁三郎の宗教芸術運動はその理念と方法と運動形態においてきわめて個性的で独自の構想力を持っていた。地球史的な環境危機、ひいては生命危機の時代に、ハレー彗星インパクトの衝撃を受け止めつつ、世界史的危機を独自の世直し的宗教芸術運動を通して切り抜けようとした、そのいとなみを検証しつつ、その提起した課題やメッセージを二十一世紀の現代に照らしながら今を生きるいのちの底力を開発していく必要があろう。

（1）　柳宗悦は「新しき科学」で次のように記す。「自分の思惟する処に従へば近き将来に於て吾人が人生観上に影響す可き科学が三つある。そは生物学に於ける人性の研究と、物理学に於ける電気物質論と変体心理学に於ける心霊現象の攻究とである。「人間とは何ぞや」の問に答へんとするものは第一の科学である、将来の道徳が此研究によりて開拓せらるゝ事多きは自分の信ずる処である。「物質とは何ぞや」の質問に向つて解答を与へんとするものは第二の科学である。電子及エーテルに関する研究は恐らくは此謎を解く可き唯一の鍵鑰であらう。而して「心霊とは何ぞや」の問題に対して解決を下さんとするものは第三の科学である、自分は此小論文に於て最後の科学即ち心霊現象に関する最近の研究を世に紹介したいと思ふのである。」（『柳宗悦全集』第一巻、筑摩書房、一九八〇年）

（2）　柳宗悦は記している。「宗教と道徳との権威が地に墜ちたる今日、思想に飢えたる吾等にとりて大なる力を有するものは科学である、若し吾等理知の文明に育ちたる民に人生の神秘を語り得るものがあるならば、そは古き信仰に非ずして新しき科学である。げに反抗を以て起ちたる過去の科学は、自己の天職を忘れつゝ人生が凡ての不可思議なる事実を只迷信なりとして笑ひ去つた、然し科学が発展とは即ち宇宙の神秘が開発を意味するものである、こゝに於て科学は単なる科学ではない、彼が関はる所は哲学、宗教と同一のものである、而して恐らくは将来に於て人の信仰の基礎を形造るものはか丶る科学であらう、宇宙が一糸乱れざる法則の内に調和し丶つある事を吾人に確信せしむるものは、今や独断的なる信条に非ずして、そは明かに科学ではあるまいか、宗教は常に吾人が永生を称へんとして居る、然も此信仰の失はれたる今日、吾人が死後尚存在すべき事を証明せんとするものは、今自分が画かんと欲する新しき科学ではないか、古りたる世よりの謎なりし『心霊』の問ひに答へ、幾度か人の子が迷ひたる死後の問題に解決を試みんとする此心霊現象の攻究とはそも如何なるものであらうか、自分は之より拙き筆を進めて之を書いてみたいと思ふ。」

（3）「『恐らくは物質的世界は絶対なものではない』とはハーバートのジェームズが豊なる知識より云ひ放つた言葉である、この断定の裏には心霊の世界が独立的存在を認め、そが単に物質の法則によつて説明せらる可きものでない事を意味して居る、而して自分が列記した多くの心霊研究は之が証明の基礎を形造る充分な材料ではあるまいか、（中略）心霊が永遠に其生命を保持すべきは日輪の光々たるそれと同一である、脳とは心霊の作用を表現す可き器官で、物質は之が為に存在せるものである、ジェームズが前述の言葉は此処に於ても意味がある、物質世界を唯一絶対と思惟せる見解は全然誤謬と云はねばならぬ。」

（4）「嘗て大初に人間を代表する原人アルビオン Albion があつた。彼は強と美と醜と聖と欠点の指摘に終る文字が自己の生命にとつて不必要である兼ね備へた完全な人格であつた。彼の四性即ち個性、智性、霊性、欲性は美はしい均等を保つてその間に何等の痛ましい反目もなかつた。彼が神に交つたその神殿は想像の神燈にくゆり、情熱の幕は垂れ、知識の柱は固く愛の礎に建つてゐた。人は平和の霊気に呼吸して彼には無限な救済があつた。その結合された四性の一つである個性はブレークによつて『人性』Humanity と名づけられた。知性は彼が所謂『幽魔』Spectre を代表し、霊性は即ち『流出』Emanationを意味し、欲性は彼によつて又『幽陰』Shadowと呼ばれてゐる。彼等が凡て一つの人格に働いた時人には神の幻像があつた、精力の歓喜があつた、知能の鋭敏があつた。彼が表現し得た偉大な結果は自己実現であつた、個性の全的開放であつた。」

（「キリアム・ブレーク」『柳宗悦全集』第四巻、筑摩書房、一九八一年）

第三章　神道と世直し

第一節　「神道」とは何か？

ここで、「世直し」思想の一つの源泉として、「神道」について、考えを述べておきたい。「神道」とは何かを明確に語ることは容易くない。その理由の第一は、神道には明確な教え・教義というものがないからである。そのために、「神道は教義なき宗教である」という言い方がなされる時がある。それはあながち間違いではないが、だからと言って、何もないわけではない。神社はあるし、祭りもある。『古事記』や『日本書紀』や『古語拾遺』や『先代旧事本紀』などの神話や家伝を記した古典もある。明確な教義こそないが、そこには何らかの「潜在教義」がある。そのように考えたのが、わが恩師の一人、神道神学者の故小野祖教であった。

仏教には明確な教義がある。たとえば、「三法印（諸行無常・諸法無我・涅槃寂静）」、「四諦（苦諦・集諦・滅諦・道諦)」、「八正道(正見・正思・正語・正業・正命・正精進・正念・正定)」、「十二縁起(無明・行・識・名色・六入・触・受・愛・取・有・生・老死)」などは、仏教の要諦とも根本教義ともいえるものである。さらには、これら釈迦仏教や初期仏教の教説を基盤として、大乗仏教の中観派や唯識派の存在論や認識論が生まれ、さらには密教の真言や曼荼羅の思想と実践(修法)体系も編み出されてくる。そのような意味では、仏教とは、教義の飽くなきイノベーションに多大なる精力を注入してきた思索と実践の総体であるということができる。

それに比べて、神道の教義などというものは、あるかなきかも定かではない風前のともしびのようなものであるが、しかしそのあるかなきかのあえかな「潜在教義」性が、実にしぶとい生命力をもって日本文化の芯のようなものとして生きつづけていることを、ラフカディオ・ハーンは次のような逆説的な言葉で讃美した。

「仏教には万巻に及ぶ教理と、深遠な哲学と、海のように広大な文学がある。神道には哲学はない。体系的な倫理も、抽象的な教理もない。しかし、そのまさしく『ない』ことによって、西洋の宗教思想の侵略に対抗できた。東洋のいかなる信仰もなし得なかったことである」(『神々の国の首都』小泉八雲著、平川祐弘編、講談社学術文庫)と。

これはしかし、神道にとっては、うれしいような、かなしいような指摘である。「ない」ことによってプレゼンスを高めることができたという逆説的な存在形態は、つねに、「ある」何ものかとの対応・対決・対峙の中でしか、その存在感を確認できないような何ものかであり、それを明示的に摑むこともできないからである。そのような不明性を存在根拠とするような

「宗教文化（形態）」をこれから先どのように継承していくことができるのか。現代は、継承し存続させていくためにはその存在理由を自覚しなければならない時代になっている。何事にも意味や価値や成果を求める時代だ。たとえば、世界自然遺産とか世界文化遺産とか、重要文化財とか重要無形民俗文化財とか、地域の絆であるとか、さまざまな形で。そうした中で、みずからのレーゾン・デートル（存在理由）を少しでも自前の言葉でアピールする必要にかられている。今は、そのような時代状況の中にある。

だが、遡ってみるに、神道がそれ自体で、明示的な構造を持っていないかのように見えることは、「神道」の語の初出の状況に垣間見える。というのも、「神道」という語が最初に登場してくるのが、「仏法」との対比を通してであったからだ。すなわち、「神道」の語は、『日本書紀』用明天皇の条に「信仏法、尊神道」と初出し、さらには孝徳天皇紀に「尊仏法、軽神道」と出てくる。

ここに、最初の神道と仏教との差異の認識が出ているといえるだろう。つまり、「仏法」とは「法」という教えの体系であるから、それを信じるか信じないか、信不信をはっきりと表わすことができる。しかし、「神道」はそのような「法」を持たず、教えの体系ではないから、信不信ではなく、「尊」か「軽（不敬）」の対象でしかない。つまりそれは、古来維持されてきた先祖伝来の伝承の集積だから、それを大事にするか大事にしないか、敬うか敬わないかという二つの態度しかない。信じるとか信じないとかというように、はっきりとその対象の真偽性を事分けることはできないという構えである。ここで、「教えの体系としての仏法（仏教）」と、「伝承の集積としての神道」との違いがはっきりと出ている。

さて、用明期から五十年以上の時間が経って「仏法」がある程度定着してくると、今度はその「仏法」も新しいとはいえ一つの新伝統となるから、「尊（敬）」するかしないか（「軽（不敬）」）という態度で接することができる。孝徳天皇は「仏法」を尊び、「神道」を軽んじた。では、どのような態度が「神道」を軽んじることであったかというと、それは摂津国の生国魂社の境内の樹を伐ることが「軽神道」に当たるというのであった。神木とされているような樹を大事にしない態度、それが「軽神道」のしわざであるという認識がここにはある。

このような「仏法」と「神道」に対する認識の違いを踏まえて、わたしも恩師の小野祖教にならって、あるかなきか明確ではない「神道の潜在教義」を次のように示してみたい。

神道は明確な教義はないが、しかしいろいろな形に表れている。その「表現（あらわれ）」としての神道」を「神道の潜在教義」として、次の七つの特性から位置づけてみたい。

（一）「場」の宗教としての神道
（二）「道」の宗教としての神道
（三）「美」の宗教としての神道
（四）「祭」の宗教としての神道
（五）「技」の宗教としての神道
（六）「詩」の宗教としての神道

（七）「生態智」としての神道

以上の七つの特性である。

「神道」は、まず何よりも、「場」として、「場所」としてある、「空間の詩学」である。つまり、森（杜）の詩学として、斎庭の幾何学として、聖地のトポロジーとして、場所の記憶（メモリー）と記録（ドキュメント）として、明白に存在し、存在し続けてきた。それが、「神社」である。「鎮守の森」である。「トトロの森」である。

それは確かに、明示的な教えの体系ではないが、実に様式的な、明確な形を持った「道＝生の歩み方（ライフスタイル）」の生活実践であり、いのちと暮らしの構えであった。そのようないのちの道の伝承文化として、「神社」の中に、「神社」を通して、「神社という場」とともに「神道」は生きてきた。

そのような「場」や「道」にあっては、何よりも清々しさ、清浄感や、もののあわれや、気配の感覚が大切にされた。多くの神社人や神道家は、神道で一番大事なのは「掃除」だという。一にも掃除、二にも掃除、三にも四にも掃除。掃除こそが神道の精神であるという表現には、そこに生命の原初形態、純粋始源を讃美し、いつくしむ心と感覚がある。

奥吉野山中に鎮座する天河大辨財天社の柿坂神酒之祐宮司は、それを、「ふとまに」と言った。ふつう、「太占《ふとまに》」とは、古代の卜占のことを指す。しかし柿坂宮司は、そのような「うらない」のような吉凶判断ではなく、「ふと」そのまま「まに」、ものごとが立ち現われてくる、その「ふと・そのまま・に」立ち現われてくる出来事や現象をそのまま受け取って対処していくこと、それが「ふとまに」であり、それは「掃除」をすることによって、立ち現われ、受け取られるという。だからすべてが、「掃除」を基礎とし、基盤としている。

本居宣長ならば、このあたりの消息をこのような歌に託すであろう。

敷島の　大和心を　人問はば　朝日に匂ふ　山桜花

と。日本の「こころ」というものは、端的に言って、朝日の当たる里山で山桜の花がほのかにつつましくもきよらかに香っている、そのような「心」こそが「大和心」といえるような日本人の心なのである。これが、神道における最重要儀礼のひとつの「禊《みそぎ》・祓《はらい》」に様式化されていく感覚基盤である。清めの観念と儀礼は、このような「朝日に匂ふ山桜花」に象徴されるような純粋始源を本位とする「潜在教義」に裏打ちされている。

神道とは、このような「潜在教義」性を持った「感覚宗教」であり、「芸術・芸能宗教」である。その感覚性や芸術・芸能性が、「祭り」という身心変容儀礼のワザとなっていく。

「祭り」の主旨は、祭祀という「ワザヲギ」による生命力の更新・復活にある。その神話的起源が、天の岩戸の前で行われた神々による神事として、『古事記』や『日本書紀』や『古語拾遺』の中に語られている。その神事は、天の岩戸に隠れた（象徴的な死を意味する）天照大御神を甦らせ、再顕現させるために行なわれた。つまるところ、「死と再生（復活）」がメッセージとして表現されている。

この時、アメノウズメノミコトが手に笹を持って踊りを踊るのであるが、その際、「神懸り」となり、胸乳と女陰（ホト）を露わにして神々が大いに「咲《わら》ふ」。女陰はいのちを宿し、産み出す器官であり、胸乳はいのちに栄養を与え、育む身体部位である。そのような身体部位を露わにすることによって、いのちの出生を表現し、そのいのちの現われ、すなわち「御在《みあ》れ」を待ち望み、寿ぎ、喜ぶ心が神々の「咲《わら》ふ」行為となって現われる。この「わらい」に、あえて漢字の「咲」の字を宛てていることからも、その再生への歓喜を読み取ることができるだろう。

「祭り」とは、このような「いのちの出現＝みあれ」に対する祝宴である。それは、生命力を賦活し、活性化させる「鎮魂《たまふり》」であり、神々や人々の身心を生命的横溢と共鳴状態に変容させる「技《わざ》」である。その「技」の中核をなすのが、「ワザヲギ」である。

「ワザヲギ」とは、アメノウズメノミコトが行なったたましいを呼び出し、付着させたり、活性化させたりするスピリチュアル・アート・パフォーマンスを指す言葉として『日本書紀』に初出する。それはまた、さまざまな妖艶・怪異なシンボリズムと手法も組み込んだエロティシズムの時間と空間の創造でもある。

この非日常的なエロス的な時空は、生活の中に神話的な時間と空間が開基してくる特異点であり「詩」であるが、そうした「詩」によって、世界といのちを物語的にとらえ、祭りの回路を通して再受肉する。神道は、そのような意味での「詩の宗教」であり、「物語宗教」である。

このようにして、いのちのちからと知恵を畏怖・畏敬し伝承し、暮らしの中に生かす「伝え型の宗教」が神道である。「教え型の宗教」であり、「悟りの宗教」としての仏教に対して、神道は「伝え型の宗教」であり、「畏怖の宗教」であると対比できる。

ラフカディオ・ハーンが言ったように、確かに神道には明示的な哲学も倫理もないように見える。だが、その神道の「あらわれ」の中に、「場」や「道」や「美」や「祭」や「技」や「詩」を通して、神道の「潜在教義」が脈々と脈打っている。そのような神道の生命線を、わたしは「生態智」と呼んでいる。神道という「あらわれ」の総体の中に息づく「生態智」の脈動、それこそが神道の「潜在教義」の核ではないか。

この「生態智」を、ひとまず、「自然に対する深く慎ましい畏怖・畏敬の念に基づく、暮らしの中での鋭敏な観察と経験によって練り上げられた、自然と人工との持続可能な創造的バランス維持システムの知恵と技法」と定義しておく。神道には、そのような深層的な「生態智」が詰まっている。伊勢の神宮や出雲大社や賀茂神社などで行われる「式年遷宮」はそうした「生態智」の具体的な表現でもある。

第二節　神道と仏教、あるいは、神と仏の違い

以上、神道とは何か、についての概略を述べた。神道の特性を、感覚宗教、芸術宗教、物語宗教（詩的宗教）、生態智宗教などとし、伝え型の伝承宗教とも、畏怖の宗教とも位置づけた。

だが、仏教は、本来、このような神道的特性とは真逆の特性を持って登場してきた。それは、

まず、感覚を相対化する（五蘊皆空）。芸術を遠ざける（官能を刺激する歌舞音曲の禁止や抑制）。物語に酔い痴れるのではなく、世界の理法（ダルマ）に目覚める。あえて、戒律を設けることによって、輪廻転生という生態智的な連鎖を断ち切る。バラモン教のような伝承の体系を否定ないし相対化し、畏怖するまなざしから、ありのままにものごとを見つめ、認識する（正見）、識（覚・悟）の実践である。

この仏教の原基を仏教の本義とするならば、それはどこにも神道との接合点はないといえる。その神道と仏教の原理的な差異を、わたしは神と仏の三異として次のような標語を編み出した。

①	神は在るモノ／仏は成る者	在神／成仏
②	神は来るモノ／仏は往く者	来神／往仏
③	神は立つモノ／仏は座る者	立神／座仏

先に述べたように、「仏」とは悟りを開いた人、すなわち覚者を意味する。「仏」は、先ず何よりも、世界と自己の苦の姿のありのままの姿と、その拠って来る由縁を正しく見抜いた人（「正見」した人、「無上正等覚」）である。その時に洞察された真理が、無常、無我、縁起、無自性、空といった、この世界を成り立たせている真正のありようである。そのありよう・成り立ちを知ること（真理認識＝悟り）によって、自己を通して現われ出る苦の現実、すなわち、煩悩、苦しみ、迷いを切断し、解脱していく叡知的存在（智慧ある人間）と成ること、すなわち、「成仏」を目指

すのが「仏教」であり、「仏道」修行（実践）である。

このようにして、煩悩と迷いを脱した真理認識者は解脱者とか覚者とか仏陀と呼ばれ、悟りを得た人としてリスペクトされ、人生の模範とも、やがては、「帰依」の対象ともなる。

ブッダは、煩悩の消滅した苦しみのない状態（涅槃寂静・絶対平静・安心）に達し、苦と迷いの世界である此岸（俗世間）から彼岸（涅槃）に渡った成就者である。この苦からの解脱者であるブッダのまたの名を「医王」と呼び、その指し示すワザと道は、「抜苦与楽《ばっくよらく》」の道である。

このように「ブッダ（仏陀）」とは、生存世界を形作る「生態智」からあえて距離を取り、それが生み出す輪廻の鎖から抜け出す道を指し示し、自らその道を成就した知恵ある人間であり、「（ちはやぶる）カミ」と呼ばれる力ある諸存在（自然・動植物・英雄・先祖など）とは、まったく異なる存在である。

ところが、日本では、決して悟りを開いたわけではない死者のことも「ホトケ（仏）」と言ったり、死ぬこと自体を「お陀仏」と言ったりもする。そこでは、「ホトケ（仏）」の指示領域が、悟りを得たわけではない死者をも指すようにまで無際限に拡張されているように見える。これは、本来の仏陀観からすれば、相当な逸脱、逆転とも言えるほどの転倒であろう。本来、「カミ」と「ホトケ」はまったく異なる存在形態だからだ。それが日本で、あろうことか、「反対物の一致」を引き起こした。「草木国土《そうもくこくど》悉皆成仏《しっかいじょうぶつ》」などの天台本覚思想を含めて。これは、「生態智」思想からあえて離れたブッダの実践が、さらなる洗練された「生態智」思想に回帰した日本仏教の変成（頽落か深化か?）した姿である。

だが、「神」と「仏」の原理的差異とは、まず第一に、「神は在るモノ／仏は成る者」という差異であった。神は、たとえば、イカヅチ（火雷）・ミヅチ（水霊）などさまざまな自然現象として「在るモノ」だが、仏は修行して悟りを開くことによって「成仏」する「成る者」＝人間である。神は存在世界として、自然現象として「在る」「現われる＝御在《みあ》れする」のに対して、仏とはそのままの存在ではなく、ある修行や体験を通して覚者という意識段階（識位）に到達した「成る者」である。

第二に、「神は来るモノ／仏は往く者」という差異。神はどこからか「マレビト」や台風のように来訪する威力ある諸存在であるのに対して、仏は彼岸に渡り煩悩なき悟りの世界すなわち涅槃寂静の世界に到達した人間である。したがって、神は来るモノ（来訪するモノ）、仏は彼岸に往く者（渡る者）と、その違いの対照性を示すことができよう。

第三に、「神は立つモノ／仏は座る者」という差異。神は「一柱、二柱」などと「柱」という数詞で呼ばれ、諏訪大社の御柱祭における「御柱」のように立ち現れる威力あるモノであるのに対して、仏は座り、坐禅をして、深い瞑想の中で「正見《しょうけん》・正定《しょうじょう》」し、解脱する者である。神は柱を数詞とするのに対して、仏は座や体を数詞とする。

神は立ち、仏は座る。神の垂直性と仏の水平性が現われている。ちはやぶる神の断裂性に対して、慈悲深き仏の縁起的関係性。注力（エンパワメント）する神と、脱力（エクスパワメント）する仏。神の異形性と仏の柔和性。祟る神と鎮める仏。

このように分析してみると、神と仏は一八〇度異なる存在である。そのまったく異なる原理や志向性を持つ二つの神聖概念が、いろいろな物事をメルトダウンしてきた日本列島の中で、「神仏習合」思想ないし文化という接合形態が生まれ、増殖しつづけた。これを仏教の神道化というべきか、神道の仏教化というべきか。いずれにしても、はなはだしい仏教の「日本化」が起こったことは間違いない。天台本覚思想などは、その際たる怪物（モノ）であろう。

第三節　「世直り」としての二つの浄め――その一「禊・祓」

末法思想が広まった日本中世において希求された救済イメージは、「厭離穢土、欣求浄土」といえるだろう。ここでは、「穢土」と「浄土」が対置されている。この「穢土」を「穢れの土地」、「浄土」を「浄まりの土地」と和語化してとらえるならば、原理的に対極である仏教的言説と神道的言説の距離が一気に縮まる。「穢土」と「浄土」の二項対立を、「穢れ」と「浄め」の二項対立と重ねる時、神と仏の原理的差異が一挙に空無化する。

この世は「穢土」であるから、そこから「厭離」し、「浄土」を「欣求」する。苦に満ちた煩悩と闘争のこの「穢土」にとどまるかぎり、いかなる救済もない。だから、この「穢土」から十万億土の西方にあるという「極楽浄土」を求めて旅立つ。その救済原理と救済方法を、阿弥陀如来の知恵と慈悲の結実である「四十八願」が示してくれている。法然や親鸞はその中の第十八願を末法の世の救済原理として措定し直した。

さて、この「浄土」の住人は「成仏」した存在、すなわち「浄人」である。その「浄人」こそが「浄土人」である。したがって、その「浄土」への道筋を示す「上人様」と尊敬される仏者は「浄人」であるべきである。その「浄人」にどのようにして「成れる」のか？

口に「南無阿弥陀仏」と唱えればよいというのが、法然「上人」の指し示した救済方法であった。「なむあみだぶつ」、すなわち、一言、阿弥陀仏に帰依し奉ると唱えれば、救済が約束される。しかも、「善人なほもて往生をとぐ。況んや悪人をや」（法然・親鸞）という「悪人正機説」にまで踏み込んだ救済思想が説かれるのである。「悪人」とは、上記の文脈でいえば、「穢土」にあって煩悩や罪にまみれている「穢土人」である。そのような「穢土」の住人が口に念仏を唱えるだけで「浄土人」となって、「極楽往生」が叶うというのだから、これほど「即身成仏」（空海）を簡略化した思想と方法はない。「仏道」の厳しい修行（聖道門）を必要としない、このような救済法がいかにして可能なのか？　仏教の日本化の一つはここにも極まって在る。

さてここで、神道における「浄め」という観点から「世直し～世直り」の思想の源泉を明らかにしておきたい。そしてその「浄め」が仏教思想や実践とどのような関係を切り結ぶのかを明らかにしたい。ここでは、『古事記』における「浄め」の思想と実践を二つの局面から探ってみる。一つは、禊《みそぎ》・祓《はらい》の始まり、もう一つは、歌（和歌）の始まりを。

まず、禊・祓の始まりから見ていこう。『古事記』では、最初に「ミソギ（禊）」を行なったのは、イザナギノミコトである。イザナギは妻のイザナミノミコトが黄泉の国にみまかったのを悲しみ、歎き、妻を追って黄泉の国に赴く。そして、火の神カグツチを出産して女陰（ホト）が焼かれ、病み衰えてみまかった妻に、まだ国生みが終わっていないから元の国に戻ってきてほしいと告げる。すると、妻イザナミは、すでに黄泉の国の食べ物を食べてしまったので、元の国には戻れないと思うが、黄泉の神と相談してみるので、その間自分を探さないでほしいと答える。

妻の言葉を信じて待っていたイザナギは、しかし、いつになっても妻イザナミが戻ってこないので不安になって、櫛に火を灯して探し回ると、そこには蛆がたかり、八柱の雷神が肢体の八ヶ所におどろおどろしく蠢いている妻イザナミの異様な姿があった。そのあまりのおぞましさに恐れをなし、夫のイザナギは一目散に逃走して、黄泉の国から元の葦原の中つ国に戻っていく。「見るな」という禁を破って、自分のもっとも見られたくない腐乱した姿を見られた妻イザナミは、「吾に辱《はじ》見せつ」という、恨みと哀しみと怒りのないまぜになった負の感情を爆発させ、国生み・神生みをしてきた「いのちの母神」が、一日に千人を殺すと口走る「殺しの神」に反転する。ここで、「生の神」は「死の神」に一八〇度転換するのである。

イザナギはこの後、筑紫の日向の橘の小戸の阿波岐原に行って、その地で「禊」をする。その場面を長くなるが『古事記』から引用しておく。

　ここをもちて伊邪那伎大神詔りたまひしく、「吾はいなしこめしこめき穢《きたな》き国に到りてありけり。故《かれ》、吾は御身の禊為《せ》む」とのりたまひて、竺紫《つくし》の日向の橘の小戸の阿波岐原に到りまして、禊ぎ祓ひたまひき。

　故、投げ棄つる御杖に成れる神の名は、衝立船戸《つきたつふなどの》神。次に投げ棄つる御帯に成れる神の名は、道之長乳歯《みちのながちはの》神。次に投げ棄つる御嚢《みふくろ》に成れる神の名は、和豆良比能宇斯能《わづらひのうしの》神。次に投げ棄つる御褌《みはかま》に成れる神の名は、道俣《ちまたの》神。次に投げ棄つる御冠に成れる神の名は、飽咋之宇斯能《あきぐひのうしの》神。次に投げ棄つる左の御手の手纏《たまき》に成れる神の名は、奥疎《おきざかるの》神。次に奥津那藝佐毘古《おきつなぎさびこの》神。次に奥津甲斐辨羅《おきつかひべらの》神。次に投げ棄つる右の御纏に成れる神の名は、辺疎《へざかるの》神。次に辺津那藝佐毘古《へつなぎさびこの》神。次に辺津甲斐辨羅《へつかひべらの》神。

右の件《くだり》の船戸神以下《よりしも》、辺津甲斐辨羅神以前《よりさき》の十二神は、身に著《つ》ける物を脱くによりて生《な》れる神なり。

ここに詔りたまひしく、「上《かみ》つ瀬は瀬速し。下《しも》つ瀬は瀬弱し」とのりたまひて、初めて中つ瀬に堕《お》り潜《かづ》きて滌《すす》ぎたまふ時、成りませる神の名は、八十禍津日《やそまがつひの》神。次に大禍津日《おほまがつひの》神。この二神は、その穢繁国《けがらわしきくに》に到りし時の汚垢《けがれ》によりて成れる神なり。次にその禍《まが》を直さむとして、成れる神の名は、神直毘《かむなほびの》神。次に大直毘《おほなほびの》神。次に伊豆能売《いづのめの》神。次に水の底に滌ぐ時に、成れる神の名は、底津綿津見《そこつわたつみの》神。次に底筒之男《そこつつのをの》命。中に滌ぐ時に、成れる神の名は、中津綿津見《なかつわたつみの》神。次に中筒之男《なかつつのをの》命。水の上に滌ぐ時に、成れる神の名は、上津綿津見《うはつわたつみの》神。次に上筒之男《うはつつのをの》命。この三柱の綿津見神は、阿曇連《あづみのむらじ》等の祖神《おやがみ》と以ち拝《いつ》く神なり。故、阿曇連等は、その綿津見神の子、宇都志日金拆《うつしひがなさくの》命の子孫《うみのこ》なり。その底筒之男命、中筒之男命、上筒之男命の三柱の神は、墨江《すみのえ》の三前《みまへ》の大神なり。ここに左の御目を洗ひたまふ時に、成れる神の名は、天照大御神。次に右の御目を洗ふ時に、成れる神の名は、月読命《つくよみのみこと》。次に御鼻を洗ふ時に、成れる神の名は、建速須佐之男命《たけはやすさのをのみこと》。

右の件の八十禍津日神以下、速須佐之男命以前の十四柱の神は、御身を滌《すす》ぐによりて生れるかみなり。

ここでイザナギは、「黄泉国」という、「志許米上志許米岐此穢国《しこめしこめききたなきくに》」、つまり、いやというほど汚い醜く醜悪な国に往ったので、この「身」を「禊」しようとして、まずその汚れた杖や衣服を次々と脱いでいくと、たちまちに十二柱の神々が成り出でてくる。実に不思議なファンタスティックな場面である。物から神が生まれ出るのだから。それも衣服を脱いでいくだけで。そこにどのようなメカニズムがあるのか、知りたいものだ。ともあれ、これが「禊」の前段である。

そして次に、イザナギは自らの身体を川の中に置いて、そこで身を濯ぐ。これが「禊」の本段となる。川の中瀬で身を濯いだ時に生り出てきた一四柱の神々を列記すると、次のようになる。

(一) 八十禍津日神
(二) 大禍津日神
(三) 神直毘神
(四) 大直毘神
(五) 伊豆能売神
(六) 底津綿津見神
(七) 底筒之男命
(八) 中津綿津見神

（九）　中筒之男命
（一〇）上津綿津見神
（一一）上筒之男命
（一二）天照大御神
（一三）月読命
（一四）建速須佐之男命

最初に成り出でた二神は、「黄泉国」という、いと「穢繁国」に到った時に、その「汚垢」によって成った神である。「まがつひ」の神とは、もろもろの災いや悪事（曲事）を引き起こし、もたらす神である。それを正し、直す神が「なほび」の神である。つまるところ、穢れを落として浄めていく力を発揮する神ということになる。

この「まがつひ」の神と「なほび」の神が悪しき事と吉き事を引き起こす力を持つ機能神であるとするなら、続いて成り出でてくる神々は、「底」とか「中」とか「上」といった空間的位置において生起する海の神々、海洋神、航海神である。ワタツミの神は海民族の「阿曇（安曇）」氏の祖神、ツツノヲの神は航海神である住吉の神である。これらのワタツミ系、住吉系の神々の化成に先立ってイヅノメの神が成り出るが、これは祓いやる強力な力能を持った女神であろうか。

そして、このイザナギの「禊・祓」の最後は、顔面の洗浄になる。その顔面の左目の洗浄からアマテラス、右目の洗浄からツクヨミ、鼻の洗浄からスサノヲが化生する。前二神は、日月の神である。イザナギはこの三神の誕生をたいへん喜んで、特別に「三貴子」と呼び、天照大御神には「高天原《たかまのはら》」を、月読命には「夜食国《よるのをすくに》」を、建速須佐之男命には「海原」を統治するよう命じた。

この『古事記』の物語が語るところは、いのちの女神が死に到り、その腐乱の穢れを禊・祓によって削ぎ落とし、最後の最後で光り輝く清浄な御子神が生まれたという、死と再生の大転換のメッセージである。付着した穢れを落とし、身を削ぎ落とすことによって再生する。それによって、「穢繁国」から清浄な国に移行する。これは『古事記』版「厭離穢土、欣求浄土」の物語ではないだろうか。神道的「浄土」が天照大御神の君臨する光りの神国である「高天原」であった。それに対して、母神イザナミが赴いた死の国「黄泉国」が神道的「穢土」であった。

第四節　その二「歌による浄め」

わたしは、宗教をひとまず、「聖なるものとの関係に基づくトランス（超越）技術の知恵と体系」と定義している。宗教は「トランス（超越）」のはたらきを通して「こころ」や「たましい」の「深み」に降り立ち、その「底力」を引き出す「身心変容」のワザを持っている。

そのワザには、物語（ナラティブ・神話伝承）、ないし儀礼と内観（自己を見つめる、インサイト、瞑想）、すなわち伝承を通して歴史的一回性を超えた神話的時間の中に参入するワザと、今ここの現実を精密にスキャニングしたりイメージ操作したりすることにより自己と世界の解像度をシフトするワザの二種があるが、日本においては前者を主に神道が、後者を仏教が担ってきた。そして、前者がシャーマニズムのトランス的な身心変容技法である神懸りを、後者が瞑想的な自己放下的な身心変容技法である止観や禅を開発した。

その神道の「身心変容のワザ」の一つが禊・祓や祭りであることは間違いないが、もう一つ、「歌（詩）」というワザを取り上げる必要がある。一三〇〇年という歴史を持つとされる最古のテキスト『古事記』は「歌物語」（折口信夫・武田祐吉）であり、歌謡劇であるが、拙著『古事記ワンダーランド』（角川選書、角川学芸出版、二〇一二年）では、『古事記』をイザナミノミコトの「負の感情」の鎮めと浄めに発するグリーフ・ケアとスピリチュアル・ケアの歌謡劇ととらえた。そして、そのキー・キャラクターとなるスサノヲノミコトに始まる出雲神話を「怪物退治と歌の発生」という観点から解読した。

この観点から見ると、スサノヲは「負の感情」の惑乱と制御の中心にいる。本章の文脈でいえば、「穢れ」と「浄め」の両極を体現し、その転換を一挙に実現する神である。そこで次に、スサノヲの物語を手がかりに、嘆きと哀しみ、あるいは、思慕と愛と歌の発生が「浄め」にどのように関与しているかを読み解いてみたい。

問題の発端となるのは、先に触れた母神イザナミノミコトの嘆きと哀しみであった。黄泉の国へみまかり、自分の姿を探さないでと、夫のイザナギノミコトに堅く念押ししていたにもかかわらず、腐乱して蛆のたかった「いなしこめしこめき」醜い姿を見られたイザナミは、「吾に辱《はぢ》見せつ」という、恨みと哀しみと怒りのないまぜになった負の感情を爆発させ、産出の女神が日に千人を殺すと呪う殺戮神に変貌した。

この「辱」を受けたイザナミの恨みと哀しみと怒りの負の感情が、『古事記』のその後の展開において、「負」の部分を連鎖させていくエネルギーの源泉となり、「出雲神話」形成の原動力となっている。そしてそのイザナミの哀しみを真正面から受け止めたのが、スサノヲノミコトであった。

先に見たように、スサノヲは、父イザナギが筑紫の日向の橘の小戸の阿波岐原で禊をして、最後に化生した「三貴子」の末弟である。父イザナギは、左目から成り出た姉のアマテラスには高天原を、右目から成り出た弟のツクヨミには夜の食国を、最後に鼻を洗って成り出たスサノヲには大海原を治めよと三分治を命じた。姉のアマテラスも弟のツクヨミも、父イザナギに命じられたいいつけをよく守り、しっかりと高天原と夜の食国を治めるのだが、スサノヲだけは命に反し、あごひげが胸先に垂れるようになっても「母恋し」と大泣きし、その暴風のような啼き声により海の水が全部干上がり、山の木も枯れてしまうというありさまで、「悪しき神の音《こえ》は、さ蝿《はえ》如《な》す皆満ち、万の物の妖《わざわい》悉《ことごと》に発《おこ》りき」という混乱と災いに見舞われることになった。そこで、イザナギはスサノヲを問いただした末に、追放する。

スサノヲは血のつながりのないはずの（なぜなら、禊によって父イザナギの鼻を洗浄した時に成り出た神だから）不在の母を恋い慕い、生みの父に追放される悲しみと矛盾を背負った不思議な神である。この泣き叫ぶスサノヲの荒ぶる声の力には注意が必要である。この「荒魂《あらみたま》」がなければ、「浄め」と「和み」をもたらす「歌」が出てこないからである。

『古事記』において、前半部のスサノヲは、イザナミの哀しみを引き継ぎ倍加させる狂暴な荒ぶる神として描かれている。実際、スサノヲは、父に追放され、姉の天照大御神に別れを告げに高天原に上り、「邪心・異心」がないことを証するために、「物実《ものざね》」を交感して「ウケヒ（宇気比）」を行ない、宗像三女神（タキリビメ・イチキシマヒメ・タキツヒメ）を得て、心が「清明」であることを示す。つまり、「清明」であることの証明を「ウケヒ」というワザを通して行なうのである。

だが、その「清明」心が証明されたということにはなっても、父に追放され、姉にその「邪心・異心」を疑われたという傷は残る。スサノヲは父や姉の無理解や疑いに対する反動なのか、自分の清明心が証明されたと勝ち誇り、農耕の邪魔をしたり、大嘗殿を糞で穢したり、血だらけの馬を投げ入れて機織女を死に追いやってしまうなど、さまざまな乱暴狼藉や悪逆非道の行為を行なったために、アマテラスは怒り悲しみ、天岩屋戸に差し籠ってしまった。そのために、世界が暗黒になり、もろもろの災いが起こってきたので、神々が集まって相談して、祭りを行なった。この天の岩屋戸の前の神事を行なうことによって、天照大御神を天の岩屋戸から引き出すことに成功し、この世界に秩序といのちが復活したのだが、世界を暗黒に導き、混乱と危機に陥れたスサノヲには厳罰が下され、鬚を切られ、手足の爪を抜かれて高天原から追放（神遂《かむや》ひ）されたのである。

こうして、スサノヲは父と姉から二度にわたり追放された、どうしようもない荒くれ者である。この前半部のスサノヲは、見境なく暴れ、殺害する神、手のつけられない「荒魂」である。

だが、高天原から出雲に降り立ってからのスサノヲは、その追放された神が救済する神に大転換する。これまで泣き叫んでいたり、周囲の嫌がることばかりをする荒くれ者とは思えないほど、凛々しく迅速かつ的確な判断と行動で、八頭八尾の怪物・八俣大蛇《やまたのおろち》を退治する。実に要領よくテキパキと八つの甕を置き、そこになみなみと酒を注ぎ、八俣大蛇に食い殺される運命にあった櫛名田比売《くしなだひめ》を絶体絶命の窮地から救い、両親の神々から感謝される。そして、救出したクシナダヒメと結婚するために愛の住処の宮殿を作る。そのために出雲の須賀の地に至って「我が御心すがすがし」と言って、次の歌を歌った。

八雲立つ　出雲八重垣　妻籠みに　八重垣作る　その八重垣を

これがわが国における和歌の濫觴《らんしょう》とされる記念すべき歌である。「原発反対」などのシュプレヒコールにも似て、ほとんど「八重垣」という語の連呼に近いこの歌は、「ヤ」や「ヤヘガキ」の繰り返しを多用することで力強い喜びと慶祝の念をリズミックに表現することに成功している。この歌においては、意味よりも、リズムと調べが重要である。母を恋い慕って泣き叫んでいたその荒ぶる声が、このような喜びの力強い声となって迸ったのだから。破壊的な声の力が、調和に満ちた愛の言霊に転化したのだ。「穢れ」の中にいたスサノヲは、「浄め」を経て、「ムスビ」を完成させる。

ここにおいて、手のつけられない粗暴な子どもであったスサノヲは、手のつけようのない凶暴な八俣大蛇を退治することによって、力と心を制御するワザ、剣と和歌のワザを身につけ、最高の英雄神と成るのである。これによって、八俣大蛇の破壊力にも比せられる母の怒りと哀しみを制御し鎮撫することができたということが暗示されている、とわたしは『古事記』のスサノヲ神話を読み解く。

とすれば、この怪物退治は、忌避され追放された者（＝スサノヲ）が忌避され怖れられた霊物《モノ》（＝八俣大蛇）を倒すことによって、おのれの凶暴な暴力性を抑え、治めることに成功したイニシエーション・ストーリーとして読み解くことができる。ここにおいて、スサノヲという英雄神は八俣大蛇という怪物神と表裏一体の構造的同一性を持っている。ここには、もっとも深い穢れの中にある神がもっとも力強い浄めを行なうことができたという「反対物の一致」の逆説がある。

スサノヲの力の「制御」のストーリーは、荒ぶる心や行動や現象や社会を制御しコントロールするワザの体得の物語であり、課題解決譚である。そこでは、「力＝剣による制御（外的世界の鎮め・社会の制御）」と「言葉による制御（内的世界の鎮め・心の制御）」、すなわち「歌の発生」が同期的かつ連動的に表出されている。剣と言葉による浄めと鎮めが同期的に生起している。

怪物やトリックスターと文化英雄という両義的性格。このスサノヲの力（＝剣と歌）の知恵とワザが、大国主神（歌、娘、生太刀・生弓矢・天詔琴）やヤマトタケル（歌、八岐大蛇から出た草薙剣）や雄略天皇（歌、赤猪子）に引き継がれていくことを、前掲『古事記ワンダーランド』で論じた。

このようにして、『古事記』のスサノヲ神話において、剣と歌の相補性・両義性・相互交換性が示され、戦う神（者）と歌う神（者）、戦歌と恋歌が統合され、「怪物退治と歌の発生」が同期生を持つ浄めとグリーフ・ケアの物語となる。穢れと悪逆にまみれた神が追放され祓われて、試練を克服して、浄めと鎮めと守護の神となる。その意味で、神道思想においてスサノヲ神話が内包する「潜在教義」性はとてつもなく深く大きなものがある。そしてそれが、歌の発生のみならず、出雲神話・信仰や祇園祭など、日本の伝承と祭礼にきわめて深いインパクトを与え続けているのである。

第五節　言霊による浄め、音霊による浄め

前節で見たように、歌の始まりは『古事記』に記録されたスサノヲノミコトの「八雲立つ出雲八重垣」を嚆矢とするが、『万葉集』には「言霊」の語が三例出てくる。当然のことながら、歌による浄めとは、言霊や音霊による浄めという思想と結びつく。

まず、『万葉集』巻五の八四九番の山上憶良の歌に次のようにある。

神代より言ひ伝来らく　そらみつ大和の国は　皇神《すめかみ》の厳《いつ》くしき国　言霊の幸《さき》はふ国と　語り
継ぎ言ひ継がひけり　今の世の人もことごと　目の前に見たり知りたり

ここに言う「言霊の幸はふ国」とは、具体的には、歌が盛んであること、神々の世界の伝承で

ある神話や、神々との交流の言葉である祝詞が大切にされていることを意味する。そのような言霊の力が満ち満ちている国柄であると山上憶良は歌っているが、その始まりはスサノヲノミコトの「八雲立つ出雲八重垣」の歌であることは先に見たとおりである。

もう一首は、柿本人麻呂の歌とされている巻一三の三二五四番の次の歌である。

磯城島《しきしま》の　大和の国は　言霊の助くる国ぞ　ま幸《さき》くありこそ

この歌は、「葦原の瑞穂の国は　神ながら言挙げせぬ国」に始まる長歌に対する反歌である。この日本という国は神代の昔から言挙げしないことを国柄とし、心の構えとしてきた国であるが、遣唐使を送るまさにこの時に及んでわたしはあえて「言挙げ」をして貴方の無事を祈る、ということを歌った後に、「反歌」として、短く再度、「大和の国は言霊の助くる国」であるから「ま幸く」無事であることを心から願う、といっそうの祈りの力を込めて歌っている。

上記の二つの歌は、遣唐使となって異国の異なる言語の中に入っていく人を送る言葉として、この母国日本という国がどのような特色を持つ国柄であるのかを特定する際に、言霊の力が発揮される国と称えつつ、神々や言霊の加護を願う歓送の歌である。

それに対して、もう一首、巻十一の二五〇六番の次の歌はどうだろうか。

言霊の八十の衢《ちまた》に　夕占問ふ　占正に告《の》る　妹相寄らむと

仕事帰りなどで人々のごった返す夕方の辻などは、とりわけ、「言霊」が浮遊し、メッセージを受け取るにふさわしい時間と空間である。そこには言語精霊がフローしている。

　これに関連して、『日本書紀』には、この「葦原中国」が原初、「磐根《いわね》・木株《このもと》・草葉《くさのかきは》も、猶能《なほよ》く言語《ものい》ふ。夜はほ火の若に喧響ひ、昼は五月蠅《さばえ》如《な》す沸き騰る」とか「草木《くさき》咸《ことごとく》能《よく》言語《ものいふ》」とか「天地割判《わかる》の代、草木言語《ものかたり》せし」状態であったと記されている。そこに天孫が降臨して、「言分け和《やわ》し」、整序し、統一国家的な言語秩序を作ることが記されている。

「言霊」という観念は、このような原初の「草木《くさき》言語《こととふ》」が語られる時代の古層から、大和朝廷という統一国家が整序されて遣唐使を派遣する時に意識される日本の国柄という段階までのグラデーションを含み持っている。言語アニミズムから言霊民族主義までの諸段階を内包している。「言霊の八十の衢」の歌には、「草木言語」段階の言語アニミズムの残響が響き渡っている。

　そもそも、スサノヲノミコトが泣き叫んでいた状態を『古事記』は、「悪しき神の音は、狭蠅《さばえ》如《な》す皆満ち、万の妖《わざわい》悉《ことごと》に発《おこ》りき」と記し、また天照大御神が天の岩屋戸に隠れてしまった最大の危機の状態を、同様に、「万の神の声は、狭蠅那須満ち、万の妖悉に発りき」と記している。このスサノヲの泣き叫びと暗黒状態の記述の違いは、「悪しき神の音」がクレイジーにまで反響したか、「万の神の声」が反響したかの違いだけである。このような言葉以前の音霊的な「声」の力があり、それは「草木言語《こととふ》」言語アニミズム状態の現出であるといえる。

　このような記述は、『常陸国風土記』に「荒ぶる神等、又、石根・木立・草の片葉も辞語ひて、昼は狭蠅なす音声《おとな》ひ、夜は火の光明く国なり。此を事向け平定さむ大御神と、天降り供へまつりき」とか、「出雲国造神賀詞」に「豊葦原の水穂国は、昼は五月蠅なす水沸き、夜は火瓮なす光く神あり、石根・木立・青水沫も事問ひて荒ぶる国なり」とあって定型詞章をなしている(1)。

ここにある構造は次のようなものである。第一に、荒ぶる神たちの騒々しい音声《おとない》が満ちあふれている。第二に、その騒音のために様々な妖《わざわ》いが起こり、世界（国）が混乱状態に陥る。第三に、荒ぶる神たちばかりでなく、盤根、木立・草葉など、諸々の自然物までもが語問《ことと》うて（言葉を発して問いかける）カオス状態になっている。第四に、天つ神の子孫が天降り、この狂騒状態を鎮定する。つまり、①神々・自然が言問う状態――荒ぶる状態、②言問いを和す過程――言向け（事向け）による平定、③天孫降臨の実現――国家秩序の確立という構造である。

日本神話の中で、スサノヲノミコトは、その第一段階から第三段階までをつなぐ重要な役割を果たしている。神事と和歌の発生の両方がスサノヲを原由としているのだから。

このような原初言霊の観念を持つ神道的な言語アニミズムや言霊民族主義を、密教的存在論と絢爛豪華な呪術的修法によって包摂統合し編成し直したのが、空海の真言密教であった。先にも引いたように、空海は『声字実相義』の中で「五大にみな響あり、十界に言語を具す、六塵ことごとく文字なり、法身はこれ実相なり」と述べている。この「五大音響、十界言語、六塵文字」という思想の中に、前仏教的な言霊・音霊観念はすべて呑み込まれ、位置付けし直されている。その意味で、空海の真言密教が神道と仏教との最大の接合部となったことは強調しておくべきだろう。

空海はさらに『吽字義』において、次のように述べている。

草木也《また》成ず
何《いか》に況《いわ》んや有情をや（中略）
草木に仏なくんば
波にすなはち 湿《うるほひ》 なけん

これは、確かに、『古事記』や『日本書紀』や『風土記』や『延喜式祝詞』の神道的な「草木言語」世界から、天台本覚思想の「草木国土悉皆成仏」までを接合する思想である。「草木」も「言語う」ところから「成仏」するところまでをつないでいるのだから。ここに神道と仏教は原理的差異を超えて一挙に習合化の道を辿ることになる。天台本覚思想はその極北である。

そしてその延長線上に、中世の和歌即陀羅尼説が出てくる。『新古今和歌集』でもっとも多い九四首の歌が収録されている西行は真言僧であるが、瞑想の達人と謳われた明恵上人に、「此の歌即ち是れ如来の真の形体なり。されば一首詠み出でては、一体の仏像を造る思ひをなし、一句を思ひ続けては、秘密の真言を唱ふるに同じ。我れ此歌によりて法を得ることあり。若しここに至らずして、妄りに此の道を学ばば、邪路に入るべし」（筑土鈴寛『宗教文学』）と語ったといわれる。

このような、一首一仏、一句一真言、和歌即陀羅尼の思想が、言霊思想と真言思想をつなぐ神仏習合思想の典型であることはいうまでもない。

無住の著わした『沙石集』の「和歌ノ道フカキ理アル事」の中にも、「和歌ノ一道ヲ思トクニ、散乱鹿動ノ心ヲヤメ、寂然静閑ナル徳アリ。又言スクナクシテ、心ヲフクメリ。惣持ノ義アルベシ。惣持ト云ハ、即陀羅尼ナリ。（中略）聖人ハ心ナシ。万物ノ心ヲ以テ心トシ、聖人ハ身ナシ。万物ノ身ヲモテ身トス。然バ聖人ハ言ナシ。万物ノ言ヲモテ言トス。聖人ノ言、アニ法語ニアラザランヤ。若法語ナラバ、義理ヲフクムベシ。義理ヲフクマバ、惣持ナルベシ。惣持ナラバ、即陀羅尼ナリ。此心ヲモテ思ニ、神明仏陀ノ和歌ヲ用給事、必ズコレ真言ナルニコソ」と記されている。ここには、歌を詠むことが瞑想であるという和歌即陀羅尼説が展開されている。

また、臨済僧正徹の歌論書『正徹物語』にも「和歌仏道全二無」が主張され、その弟子の天台僧心敬の歌論書『ささめごと』にも「本より歌道は吾が国の陀羅尼なり」、「歌道はひとへに禅定修行の道」、「歌道即身直路の修行也」と和歌即陀羅尼説が拡張論議されている。

これらの和歌即陀羅尼説に先立って、歌の力を称揚したのが、最初の勅撰和歌集の『古今和歌集』の仮名序であった。その仮名序の冒頭で、編者の紀貫之は次のように述べている。

和歌《やまとうた》は、人の心を種として、万の言の葉とぞなりにける。世の中にある人、事《こと》・業《わざ》しげきものなれば、心に思ふ事を、見るもの聞くものにつけて、言ひだせるなり。花に鳴く鶯、水に住むかはづの声を聞けば、生きとし生けるもの、いづれか歌をよまざりける。力をも入れずして天地《あめつち》を動かし、目に見えぬ鬼神をもあはれと思はせ、男女のなかをもやはらげ、猛き武士《もの〻ふ》の心をもなぐさむるは、歌なり。

これを「心を浄めるワザ」という観点から口語訳すると次のようになるだろう。「古えより伝わる、日本の歌という、心を浄めるワザは、人の心を種子として開き、さまざまな言葉の葉や花びらとなったものです。この世に生きている人にはいろいろな出来事が起こるので、心に思うさまざまなものごとを、そのつど、見るものや聞くものに託して言葉に表現していきます。たとえば、花咲く野で鳴いているウグイスや池や田んぼなど水の中に生息しているカエルの声を聞くと、生きとし生けるあらゆるいのちあるものがみな『歌』を歌うことがわかります。『歌』を歌わないものなど、どこにもないのです。しかもその歌とは、力を入れることなしに天地万物を動かし、目に見えない霊的存在である鬼神の心にもあはれと思う感動を引き起こし、男女の間を親しませて和らげ、勇敢なる荒々しい戦士の心でさえもしっとりと和ませ鎮める力を持っているのです。それこそが歌であり、歌の力とはたらきであり、古より伝わる心を浄めるワザなのですよ。」

かくして、和歌《やまとうた》とは、繊細微妙な心の「あはれ」を感受し表出し浄化する「心のワザ」であった。

こうした、『古事記』に集約される伝統的な「心のワザ」に対して、自覚的で普遍的な「心のワザ学」を持つ身心変容技法として仏教の心観と瞑想法が生まれた。創始者ゴータマ・シッダールタは、「ものごとは、心にもとづき、心を主《あるじ》とし、心によってつくり出される。もし汚れた心で話したり行ったりするならば、苦しみはその人につき従う。――車を引く〈牛〉の足跡に車輪がついて行くように」とか、「ものごとは、心にもとづき、心を主とし、心によってつくり出される。もし清らかな心で話したり行ったりするならば、福楽はその人につき従う。――影がそのからだから離れないように」とも、「実にこの世においては、怨みに報いるに怨みをもってしたならば、ついに怨みの息むことがない。怨みをすててこそ息む。これは永遠の真理である」（『真理のことば』中村元訳、岩波文庫）とも述べている。

フリードリッヒ・ニーチェは『この人を見よ』（「なぜ私はこんなに賢明なのか」6）の中で、ブッダを「あの深い生理学者仏陀」と呼び、仏教を「精神の衛生学」（Hygiene：衛生学・健康法）と述べているが、言い得て妙な洞察である。仏教は何よりも心の理論であり、管理術（変容技術）でもあったから。

そのことは、日本の仏教受容をいち早く記した『日本書紀』の「憲法十七条」における「和」と「嫉妬」の記述からもうかがえる。そこでは、「和」と「嫉妬」が、心と社会の安定秩序形成の両極（軸）となっているのは第一章で論じたとおりである。

仏法僧という「三宝」を敬うことなしに「和」の達成もなく、争いが止むことはない。「忿を絶ち瞋を棄て」ること、「嫉妬の患」を捨てる。このような聖徳太子の精神を引き継ぎ実現しようとしたのが最澄である。最澄は『山家学生式』において「国宝とは何物ぞ。宝とは道心なり。道心ある人を名づけて国宝となす」と述べ、『法華経』と「天台止観」を拠り所として、日本天台宗を開き、比叡山山中に「一乗止観院」なる道場を開設した。そこで、天台智顗が著した『摩訶止観』や『天台小止観』に基づき、三種止観（円頓止観・漸次止観・不定止観）と四種三昧（常行三昧・定坐三昧、半行半坐三昧、非行非坐三昧）を修し、「道心」ある「国宝」を練り上げようとした。

「止観」とは、「止」（śamata）すなわち集中と、「観」（vipaśyanā）すなわち内的観察を行じることである。心を鎮め、呼吸を整え、物事をありのままに見る。禅定による智慧の成就こそ、止観のめざすもの・ことである。その止観によって、諸種の心病を治すことができることを、『摩訶止観』も『天台小止観』もともに説いている。「善く心を用う」ることができれば、「四百四病」も治すことができる。よき「用心」をなすことができなければ、「四百四病」を発症する。その心の用い方、心の練り方を「止観」によって達成するのだ。

『摩訶止観』は全十章「大意（五略）・釈名・体相・摂法・偏円・方便・正修・果報・起教・旨帰」により構成されているが、その「巻第八第七章正修第三項　病患を治す方法」には、「もし鬼・魔の二病は、これは深き観行の力および大神呪を須《もち》いて、すなわち差《い》ゆることを得るのみ。（中略）今は坐禅に約して、略して六の治を示す。一つには止、二つには気、三つには息、四つには仮想、五つには観心、六つには法術なり」とあり、また、『天台小止観』「第九章　病患を治す」には、「行人が心を安んじ道を修するに、あるいはもと四大に病あれば、いま心を用うるに因って心息を鼓撃して本病を発動せん。あるときは善く身・息・心の三事を調適すること能わず、内外に違反するところあるが故に、病が発することあらん。それ坐禅の方は、もしよく善く心を用うればすなわち四百四病は自然に除差す。もし用心が所を失すればすなわち四百四病を動ず。この故にもし自行・化他せんには、まさに善く病源を識って、善く坐中の内心に病を治する方法を知るべし」とある。
またさらに、「治病の方法を明かさん。すでに深く病源の因縁の起発を知らば、まさに方法をなしてこれを治すべし。治病の法はすなわち多途あれども、要を挙げてこれをいわば、止観の二種の方便を出でず。いかんが止を用いて病を治するの相なりや。ある師のいわく、ただ心を安じて止めて病処に在《お》けば、すなわちよく病を治すと。（中略）観もて病を治することを明かさば、ある師のいわく、心想を観じ、六種の気を用いて病を治す、と。すなわちこれ観よく病を治するなり」とあって、「止観」をもって「内心に病を治する方法」を詳しく具体的に説き明かしている。

神道的な歌による心の浄めと鎮め。そして仏教的な止観による心の浄めと鎮め。この二つのワザがしっかりとわが国に根づいた「こころのワザ学」である。このスサノヲ力と太子力という二種の「心のワザ学」が日本の精神文化の両極をなし、それを接合するのが空海の真言思想や天台本覚思想や和歌即陀羅尼説である。

そのような精神文化の伝統を踏まえて、近代の教派神道系の新宗教であった大本を批判して飛び出し、神道天行居を開いた友清歓真は、独自の「神道霊学」を構想し実践するが、その一つに「音霊法」がある。(2)
友清歓真によれば、宇宙は「音霊《おとたま》」と「数霊《かずたま》」との経緯作出によって生成変化し、「産霊紋理《むすびかため》」の現象を産出させているが、『霊学筌蹄』「第六章　音霊法」には、「はれ、音霊《オトタマ》ほど世に奇しびなるものは無い。世の一切の活動が音霊によつて起り、世の一切の生命が音霊と偕に流れてゐる。久遠の過去より久遠の未来に流れてゐる。故に古の聖人は礼楽によつて世を治め、天岩戸も音霊によつて開かれた（これは余の創説）。一切心、一切物の根元が電子よりも更らに玄のまた玄なる極微霊子（一霊四魂）であり、それが直ちに生命であり、それが直ちに音霊《オトタマ》、数霊《カズタマ》である」と述べている。

友清は、「一切物の根元」が「一霊四魂（荒魂・和魂・幸魂・奇魂）」という玄妙な「極微霊子」で、その極微霊子が同時に「音」の霊子でもあり、また「数」の霊子でもあるという。友清にとっては、音と数とは霊的根元の二つの相《すがた》である。古の聖人が礼楽によって世を治めること、また、天岩戸に隠れた天照大御神を再び呼び戻したのも、高天原の神々の笑い声であったこと、すなわちそれらが音霊のはたらきによる奇しびであったと友清は指摘し、続けて次のように記す。

「宇宙が数霊で組織されてゐるから宇宙の現象が数霊の雄走《ヲバシリ》によつて予知さるゝ如く、宇宙が音霊で経緯されてあるから宇宙の一切が音霊の雄走によつて動かさるゝのである。言霊《コトタマ》も音霊であるが、人間の口腔より出る音霊を言霊と云ひ、それ以外の一切の音声を音霊と狭義に解されてゐる。宇宙間には時として所として音声のない処はない。人間の地津魂《クニツタマ》の耳の聴き得ざる時にも、人間の天津魂《アマツタマ》の耳が聴き得る音声が存在する。宇宙そのものが音霊そのものである。科学は音覚（聴覚）の器官は耳であると教へる。解剖学では外耳中耳内耳の三つに分けて説明し、音波の振動が内耳の粘液を伝はつて聴神系を刺戟する道順に就ても可《か》なり複雑に教へて呉れるが、実は皮膚にも毛髪にも足の裏にも耳がある。耳といふものは額の両面と壁とにのみあるわけでは決してない。故に電車内に並んで座してゐる若い男女は初対面で又一切沈黙してゐても、実は盛んに会話を交へて居るものである」と。

友清は、第一に、音霊と言霊を区別する。人間の口から出る音声ないし音霊が言霊で、あとの一切の音声は音霊であるとする。第二に、空海が『声字実相義』の中で述べたのと同様に、宇宙そのものが音霊であるとし、人間には、地津魂《くにつたま》の耳と天津魂《あまつたま》の耳の二種があるという。第三に、耳は二種に分けられるが、具体的には皮膚にも毛髪にも足の裏にも耳がある、つまり全身に耳があるという。それゆえ、友清歓真にとっては、聴覚とは単に五感（視・聴・嗅・味・触）の一感覚ではなく、根本感覚とも全身感覚とも呼びうるものとなる。第四に、「音霊は即ち数霊」であり、それは「惟神《かむながら》なる自然的規律」であるというピュタゴラス的な考えを提示している。ピュタゴラスにとって音楽が浄化《カタルシス》の技法であったように、友清にとっても「音霊法」は浄化の技法である。

こうして、友清歓真は『古神道秘説』の中で次のように述べる、「修法の根本を正しい神の信仰と音霊の修行において居るのが、吾党の本領であり特色であります。音霊を以て我を清め、他を清め、家を清め、国を清め、天地を清め、一切世界を清め、人とするものであります」と。

この友清の「音霊法」とは、「『音』を聴いて居るだけのことです。静かに一定の音を聴いて気を鎮めるといふだけのことです。（中略）音を聴くと申しましても音楽のやうなものを聴くのでなく、変動のない一定の音を聴くのです。瀧の音、小川のせせらぎ、雨の音、浪の音、なんでもよいわけですが、明治初年の神道霊学の大家、本田親徳先生は石笛(3)をもつてエクスタシーの状態に導かれ、本田先生の門人佐曽利清《さそりきよし》翁が遂に時計の音を聴くといふ卑俗簡易の法をもつて、明治二十年代以後に於て幾千人といふ人々の病苦を実際に救ひ、更らにそれが縁となつて幾多の霊感能力者をさへ出すに至つたのであります。この佐曽利翁といふ人物は、或る意味に於て多少の批評を受けらるべき人柄ではありましたが、『音霊』の法に関する限り、立派な業績をのこされた偉人と申しても必ずしも溢美の評ではあるまいと存じます」という至って簡単な方法である。

音霊法とは、「変動のない一定の音を聴く」だけの修法であるというのだから。「正座して三十分内外静かに聴いて居ればよい」だけで、あとは何も必要ないという。坐法も自由なら、呼吸法も普通のまま。ただ、姿勢を正しくすることは必要で、「まつすぐに坐して自然と下腹部に元気が充満するやうな姿勢、気持ちが必要で、そのつぎには首が前に傾かぬやう顔をまつすぐに立てること」に気をつけることが必要だという。食後二時間くらいが修法に適し、事情が許せば、三、四十分間ずつ、一日三回くらい修行するのが望ましいとされる。雑念が去来してもあえて払いやろうとはしないで、「雑念妄想のあるがままに時計の音を聴いて居る」といい、ともいうのだ。これは、禅瞑想よりも簡単な「易行道」ではないだろうか。

はたして、友清歓真の説くような効果があるかどうかは別として、このような「神道霊学」を友清は主張し、実践した。神道の言霊的な浄めの思想とワザがここまでつながっているのはいうまでもない。ここには、言語アニミズムを内包する神道的生態智を再編成した思想と実践のかたちがある。

「言語穢土」の世界に埋没しているかのような現代社会にあって、「世直し」や「心直し」が構想され、実践されるとするならば、間違いなくそこには、「言葉直し」のプロセスが組み込まれるだろう。その「言語浄土」への旅の過程で、和歌も真言も陀羅尼も音霊も生起してきたのである。

（1）また、『延喜式祝詞』にも、「大八洲豊葦原の瑞穂の国を安国と平らけく知ろしめせと、言寄さしまつりたまひて、天つ御量もちて、事問ひし盤根木の立ち、草の片葉をも言止めて、天降りたまひし食国天の下」（大殿祭祝詞）、「かく依さしまつりし国中に、荒ぶる神等をば神問はしに問はしたまひ、神掃ひに掃ひたまひて、語問ひし盤根樹立、草の片葉をも語止めて……天降り依さしまつりき」（大祓祝詞）、「経津主命・健雷命二柱の神等を天降したまひて、荒ぶる神等を神攘ひたまひ和し和したまひて、語問ひし盤根樹立草の片葉も語止めて、皇御孫之尊を天降し寄さしまつりき」（遷却崇神祝詞）などとある。

（2）「言霊」や「音霊」については、次の著作でも詳しく論じている。鎌田東二『神界のフィールドワーク――霊学と民俗学の生成』（創林社、一九八五年。ちくま学芸文庫、一九九九年）、同『記号と言霊』（青弓社、一九九〇年）、同『元始音霊　縄文の響き』（春秋社、二〇〇〇年）。

（3）「石笛」とは、天然に穴の開いた自然石の笛で、約五千年前の縄文時代中期頃の遺跡、鳥取県目久美遺跡、青森県三内丸山遺跡、千葉県曽谷貝塚、石川県真脇遺跡、北海道函館谷地頭遺跡、岐阜県東乙原遺跡などから発掘されている。二〇〇八年には、熊本県宇土市の轟貝塚から人工的に穿孔された石笛も発掘された。石の種類や穴の大きさによって音色や音量は変わるが、多くは甲高く切り裂くような響きを発する。三島由紀夫が『英霊の聲』の中で、友清歓真の「鎮魂帰神法」による神懸り（実際は「霊懸り」）の場面を描いているが、そこでの石笛についての描写は秀逸である。

第四章　震災と世直しと民俗芸能——東日本大震災後の雄勝法印神楽

第一節　震災復興と民俗芸能

東日本大震災後、二〇一一年五月を皮切りに、これまで半年に一度ずつ、被災地沿岸部五〇〇キロ～一〇〇〇キロを十度にわたり、定期的に巡ってきた(1)。その中で、被害が沿岸部七〇〇キロほどにわたる大規模災害であることとも関係して、復旧・復興の遅れていること、東北被災三県の違いや復興格差が生じていること、とりわけ、福島県の抱えている問題の構造的な深刻さなどを強く感じてきた。

だが、そうした中でも、未来社会への希望とも活力とも底力とも感じられたのが、それぞれの地域社会の中で息づいてきた「伝統芸能」や「民俗芸能」の役割とはたらきと力であった。わたしが特に具体的な関わりを持ったのは、宮城県石巻市雄勝町の「雄勝法印神楽」であるが、津波により神楽保存会の会長を喪いながら（現在に至るも行方不明）、全国からの力強い支援を得て、神楽の再興を通して地域の絆と団結と活性化を図っていく過程は感動的であり、多くの示唆と勇気を与えられた。

そもそも、「神楽」など地域伝統芸能の始まりを考えてみると、さまざまな災難や危機に対する鎮めや除災の祈りと密接にかかわっている。その神話的な表現が記紀神話における「天の岩戸神話」である。

日の神天照大御神が弟のスサノヲノミコトの乱暴狼藉に耐えかねて岩戸に隠れてしまったために世界が暗黒となり、もろもろの「災い」が発生した。そこで、生命と生存の一大危機を脱するために、神々が寄り集まって相談して決行したのが「祭り」であり、「神楽」であった。いのちを象徴する常緑樹の榊を中心に祭壇を設け、そこに鏡や玉や紙垂を飾り、その前で祝詞を奏上し、アメノウズメノミコトが手にやはりいのちを象徴する常緑の笹葉を持って踊りを踊り、「神懸り」となって胸乳とホト（女陰）を露わにすると、神々はその仕草に花が咲いたように一斉に笑った。そこで、天照大御神は不審に思って岩戸を開けて様子をうかがいみると、日が射し戻ったので、大御神を引き出すと、世界に光が戻り、いのちが甦った。そこで、もう二度と岩戸の中に隠れないようにと頼んで、この世界の最大の危機を乗り切った。

この、記紀神話などに記されている有名な天の岩戸神話は、日本の「祭り」や「神楽」の起源を物語る神話だとされているが(2)、これは古代人の生存哲学とも生存戦略ともいえる危機打開のプログラム開発でもあったといえる。こうした伝承の底力が、今回の津波と放射能に覆われた「暗黒」の危機に再活用されたのである。

本章では、そうした「神楽」に始まる伝統芸能やその芸能が行われる地域の聖地文化(3)と再生に向かう地域の活力について、具体的な事例を挙げつつ考察してみたい。

第二節　東北被災地と民俗芸能――雄勝法印神楽と虎舞の復興過程

二〇一二年五月五日、宮城県石巻市雄勝町大須地区に鎮座する八幡神社の例祭が行われた。朝九時に神社前から神輿が出て、港町の集落の急勾配の坂道を下って海辺に出て、ひとしきり練り歩いた後、神輿は屈強な男たちに担がれて海の中に入っていった。そして、その後、集会所の庭に設けられた仮設舞台で「雄勝法印神楽」が演じられた。震災後初の祭りでの正式の神楽の奉納であった。神楽衆も集落の人々もそれを見に来た人々も、みな一様に喜びに照り輝いた晴れ晴れとした顔をしていた。(以下、ことわりのない限り写真撮影：須田郡司。)

もちろんこの時を迎えるまでに、どれほど大きな困難があったか、当事者でなければ分からない苦難があったことだろう。しかしそれも、全国各地からの支援を受けて、一つひとつ乗り越え、当初は不可能に思えた神楽の復興をいち早く実現した。その過程の一端を垣間見、関わりながら、全国的に衰退しつつある地域伝統芸能の持つ意味と力を、未来の可能性を改めて再認識させられたのである。

わたしはこの前日の五月四日に、気仙沼から南三陸町、石巻市北上町の釣石神社を巡ってから、

雄勝町大須の海に入る八幡神社の神輿

雄勝法印神楽「岩戸開き」

石巻市雄勝町に入った。五月五日の雄勝町大須の八幡神社の祭礼で奉納される雄勝法印神楽を見学するためであった。そして、当日、伊藤博夫雄勝法印神楽保存会副会長たちの舞う神楽を見学した。漫画家の岡野玲子やパートナーで映画監督の手塚真も来ていた。手塚は雄勝法印神楽を記録映画にするという。そして、二〇一二年一〇月には、ドキュメンタリー映画『雄勝〜法印神楽の復興』を鎌倉芸術館や豊島公会堂などで上映している。[4]

実は、わたしは東日本大震災後に雄勝法印神楽のことを岡野玲子から聞いて初めて知った。二〇一一年四月二十三日、わたしが理事長を務めているNPO法人東京自由大学主催のシンポジウム「シャーマニズムの未来――視えないモノの声を聴くワザ」が行われた。そのシンポジウムのパネリストの一人であった岡野が五〇〇人ほどの会場で、津波で石巻市雄勝町の神楽関係者の自宅のみならず、神楽面や装束などの道具もほとんど流され壊滅的な打撃を受けたので支援をしたいと呼びかけたことで、事態の深刻さを知り、一週間後、第一回目の東北被災地めぐりを行なった際、二日目に雄勝町を訪ねたのだった(5)。

この時、雄勝町の中心部では、公民館の二階に大型バスが打ち上げられた状態になっていた。周囲は壊滅的な打撃を受け、これでは生活再建さえ大変な状態で、神楽の復興どころではないかもしれないとも思われた。

雄勝町公民館

雄勝町水浜地区で避難所生活をしている雄勝法印神楽保存会の伊藤博夫副会長にお会いして、被災状況と雄勝法印神楽の歴史や現状を聞いた。雄勝町水浜地区の被災現場を歩きながら直接話を聞いたのだが、被災状況はきわめて深刻で、今後の生活再建のビジョンも見えなかった。神楽保存会では、高橋仁夫会長が行方不明で、保存会のメンバーも大きな打撃を受け、親戚を頼って千葉県や関東地方に避難している人もいた。そのような中で、いまだ神楽の復興がどうなるか、見えないものがあった。例年ならば、この時期に地区の祭礼で、毎日のように神楽の奉納が続く時期であるという。

この国指定無形民俗文化財の雄勝法印神楽は、古くは「大乗神楽」とか「山伏神楽」と称されて、修験者たちが一子相伝で伝えていた。そのことは、雄勝町大浜の延喜式内社の石神社《いそのじんじゃ》と葉山神社の社家を務めてきた千葉宮司家に伝わる『御神楽之大事』（元文四年、一七三九年）によって知られる。山形県の出羽三山信仰の拠点である羽黒修験道の系統で、現在伝承されている演目は、初矢、両天、三天、四天、岩戸開、魔王退治、道祖、日本武尊、蛭児、橋引、鬼門、荒神舞、宇賀玉、国譲、獅子など二十八番がある。

雄勝町には、船越、大須、熊沢、桑浜、立浜、大浜、下雄勝、明神、荒、名振、小島、水浜、雄勝、分浜の一四の地区がある。それぞれの地区に船魂神社、八幡神社、五十鈴神社、白銀神社、北野神社、葉山神社、熊野神社、塩釜神社、熊野神社、山祇神社、熊野神社、作楽神社、新山神社、五十鈴神社があり、各神社の祭礼時に神楽が奉納されるが、毎年神楽を奉納する神社と三～四年ごとに奉納する神社に分かれている。大須地区などを除いて、この一四地区のほとんどが今回の津波で壊滅的な打撃を受けた。二〇一一年二月の段階では四三〇〇人いた人口が、五月段階で死亡者が一二三名、行方不明者一一三名であった。その被害と損失と打撃は計り知れないほど大きく、深かった。

だが、その一年後、被害を免れた雄勝町大須地区の八幡神社の例大祭で神楽奉納が復興され、続いて他地区でも神楽が奉納されていった。その皮切りが二〇一二年五月五日の大須八幡神社の祭礼と神楽上演であった。

わたしは、この一五年ほど、総務省と財団法人地域創造が設けた「地域伝統芸能まつり実行委員会」（会長：梅原猛・現在は会長：山折哲雄）の委員を務めてきた。この委員会は毎年二月末に

ＮＨＫホールで二日間にわたり、各都道府県から推薦された地域伝統芸能や古典芸能の中から十数団体を選び、「地域伝統芸能まつり」を行なってきた。そこで、二〇一一年六月に行なわれた同委員会で、二〇一二年二月末に開催する「第一二回地域伝統芸能まつり」の中で、雄勝法印神楽を始め、東北被災三県の地域伝統芸能を地域復興の一つの手がかりになるように支援上演をしてもらうことを提案し、了承された。そして、福島県新地町の「相馬福田の十二神楽」と宮城県石巻市雄勝町の「雄勝法印神楽」と岩手県田野畑村の「菅窪鹿踊」の被災地三県の三演目の上演が決まった。

「相馬福田の十二神楽」の神楽の衣装と道具は、高台に位置する諏訪神社の倉庫にしまってあったため、演舞可能とのことで、舞手は小学三年生から中学生である。「菅窪鹿踊」も倒壊の被害が大きかったが、衣装道具は海岸から四キロ離れたところに保管してあったために無事で、保存会の演者も人的被害はなかった。田野畑村は山間の集落六地区に跨っているが、「村はひとつ」という考えにより踊り組の人員も六集落から構成している。「雄勝法印神楽」は保存会の高橋仁夫会長が行方不明のままであるが、追悼の想いを胸に再スタートした。ＮＨＫホールでの雄勝法印神楽の上演演目は「橋引」であった。それは、「『有馬明神境内の杉の木を乙鶴御前という里の乙女に曳いてもらえば、うまく橋がかかる』とのお告げによって見事に橋がかかるという話を、ユーモラスな所作で演じる舞です」という内容で「復興」祈念にふさわしい演目であった。

その後、九月にＮＨＫ・Ｅテレビから、ふるさとの祭りが震災復興過程でどのような力となっているか、震災一年後に放送する番組を作りたいと相談を受け、出演・協力を要請された。そして一〇月に行なった第二回目の被害地追跡調査の一部に取材班が同行することとなり、共に雄勝町も訪ね、葉山神社や水浜地区の保存会伊藤博夫副会長の住む仮設住宅を訪ねた(6)。

NHK・Eテレビでの取材が続く中、二〇一一年秋、一〇月九日、鎌倉市の神社で、南北朝期に悲劇的な死を遂げた後醍醐天皇の皇子・護良親王を祀る鎌倉宮(大塔の宮)で、雄勝法印神楽が上演された。護良親王は鎌倉で処刑されずに奥州石巻に落ち延びたという伝説があり、石巻市吉野町の「一皇子宮」に祭神として祀られているが、同神社も今回の津波で大きな被害を受けた。

鎌倉宮での雄勝法印神楽の上演は、「鎌倉芸術祭」の一つのメイン・イベントして企画されたもので、鎌倉宮の本殿前に特設舞台が設けられ、昼の部に「道祖」「岩戸開」「産屋」の三演目、夜の部に「橋引」「鬼門」「蛭児」「日本武尊」の四演目が上演された。「東日本大震災復興支援芸能公演」と銘打たれたこの催しの主催は、湘南リビング新聞社と雄勝法印神楽鎌倉公演実行委員会で、共催は鎌倉市観光協会である。また鎌倉宮や日本ユネスコ協会連盟・鎌倉ユネスコ協会が協力している。こうして、昼の部の演目で、導き・道開きを行なう猿田彦大神の舞、岩戸開きと産屋の復活と新しい生命の誕生を祝う演目の選び方に、雄勝法印神楽衆の被災地の復興と日本全体の再生・再興を願う想いが凝縮されていて、観衆に大きな勇気と感動を与えた。

雄勝法印神楽保存会の伊藤博夫副会長は、上演後の舞台上からの挨拶で、「多くの方々の励ましによって鎌倉公演が実現しました。本当にありがたいことだと思っています。わたしたちにとって、この神楽の復活が復興に向けての大きな支えとなり礎となり絆となっています」と話した。

その翌日、行方不明の高橋仁夫保存会会長の葬儀が執り行われた。そして、続いて、豊島市公会堂でも神楽が上演され、ハード面での復興が立ち遅れる中、ソフト面での復興ともいえる神楽の復興上演が各地で上演され、地域復興の励みとなった。

二〇一一年一〇月一一日、葉山神社仮社務所で、伊藤博夫副会長のところに、京都山科在住の陶芸家・造形美術家の近藤高弘がこの年の八月に宮城県七ヶ宿町で精魂込めて作った「命のウツワ」を届けた。震災後、「心のケア」の重要性が指摘されてきたが、わたしたちは「心のケア」を、①物から心へ（「命のウツワ」プロジェクトなど）、②体から心へ（気功、ヨーガ、身体運動、瞑想、芸能などの活用、大重潤一郎監督「久高オデッセイ」被災地上映など）、③心・霊性から心へ（傾聴、祈り、祭り、儀礼、音楽など）、という三つの回路を通して実践し実現したいと考え、最初の取り組みとして、一〇月一〇日に、近藤高弘が制作した「命のウツワ」を、仙台の「心の相談室」の事務局長の鈴木岩弓（東北大学教授・宗教民俗学）に届け、続いて一〇月一一日に雄勝法印神楽衆に届け、さらに翌一二日に「サンガ岩手」代表の浄土真宗僧侶の吉田律子の導きにより岩手県大槌町の仮設住宅に届けた。

そうして年が明けて、翌二〇一二年二月二六日の「第一二回地域伝統芸能まつり」に、ＮＨＫホールで雄勝法印神楽の「橋引」が上演され、被災状況と復興過程と上演曲目の説明・解説をわたしが担当することになった。

このような事情があって、わたしは、被害の大きかった宮城県石巻市雄勝町の「雄勝法印神楽」の復興過程に立ち会ってきた。そしてそれが、単に伝統的な行事の復興と言うにとどまらず、地域の人々のつながりや絆や団結や勇気の醸成と、その再確認の機会と過程となっていったことをつぶさに感じとったのである。

もう一つ、東北被災地の民俗芸能として取り上げるべき活動事例がある。岩手県陸前高田市や釜石市周辺で行われている「虎舞」のことである。

被災直後の二〇一一年三月二六日付けの朝日新聞夕刊に次の記事が掲載された。釜石の「虎舞」についての「東北地方の伝統や信仰が被災者たちの心の支えになっている」と題された記事であった。

「ジョイワナ、ジョイワナ」。黒光りする虎の面が激しく舞い、黄色と黒のしま模様の布が左右にはためく。

岩手県陸前高田市の大石地区。周囲に倒壊した家屋や逆さになった消防車が無造作に散らばる公民館の前で23日、伝統行事「虎舞い」が披露された。本来は、家々を訪ね、暴れ回って邪気を払う小正月の風習だ。虎を操った左官業の斉藤実さん（61）は言う。「避難所にいても気分が落ち込むだけだもの。おらほの守り神をがれきの下で眠らせるわけにはいかないっぺよ」

160戸あった大石地区は震災で40戸ほどに減り、住民350人のうち80人が行方不明になった。虎舞い用の面や衣装が保管されていた公民館も水没した。七夕祭りで使う高さ8メートルの山車も骨組みが傾き、竹飾りがひしゃげた。

震災から3日後、大工の金野光晃さん(66)は公民館や山車の修繕に取りかかった。「ここ10年で祭りがまたやれるとは思ってねえ。でも、ちょっこりちょっこりやってれば、孫やひ孫の代では復活するべ。そのときのために残しておくっぺよ」

今では10~70代までの男女10人ほどが手伝い、金づちやノコギリの音を響かせている。多くは家族を失い、家を流され、避難所で暮らしている人たちだ。家族4人を失った星野功子さん(75)は「いろんなものが流されたけど、地域の絆は残っていることを確かめたいのよ」。(朝日新聞夕刊、矢島大輔記者)

伝統行事「虎舞い」(撮影:矢島大輔)

注目すべきは、「東北地方の伝統や信仰が被災者たちの心の支えになっている」という見出しである。半年に一度東北被災地を歩き、主に被災地の神社仏閣、宗教施設、仮設住宅、公共施設を訪ね歩き、インタビューを重ねながらくりかえし感じたことは、被害の大きさと復興の遅れと東北地方の「民間信仰」の底深さであった。上記の記事は、被災後わずか二週間しか経っていない段階での釜石の被災者の動きであったが、「いろんなものが流されたけど、地域の絆は残っていることを確かめたいのよ」という言葉が

意味するものは底深いものであった。(7)

虎舞の起源については定かではないが、陸前高田市、釜石市、大槌町などの三陸沿岸に多く残っている。この釜石市の中心をなす尾崎神社や山田町の荒神社などには、源為朝の子が逃げ延びて来たことが神社創建伝承と絡んで伝えられているが、その源為朝の三男の閉伊頼基が士気を鼓舞するために虎の衣装で踊らせたという起源伝承もある。源為朝は伊豆に流され、その地で没したとか、その後琉球に渡って王祖になったとかの諸伝承があり、神奈川県横須賀市東浦町鎮座の為朝神社において祭礼で虎踊りが奉納されるので、武勇の誉れ高い為朝伝承と勇壮なる虎舞には関連があるかもしれない。釜石市は、一九九八年に、尾崎町虎舞、錦町虎舞、片岸虎舞、両石虎舞を市の無形文化財に指定している。その踊りは、虎の頭と尾の方に二人の踊り手が入り、躍動的かつ表情豊かに踊る。演目には、「遊び虎」(矢車)「跳ね虎」(速虎)、「笹喰み」「刺止め」(和藤内)などがある。

虎舞については、一九九八年八月八日、音楽家喜納昌吉の呼び掛けに基づき神戸のメリケンパークで行なった「神戸からの祈り」という阪神淡路大震災の鎮魂の祈りと芸能を中心としたイベントの最初に、釜石市の伝統芸能の「虎舞」を舞ってもらったことがある。演目などを実行委員会で策定し、その実行委員会代表をわたしが務めた。その年は「寅年」だったので釜石の「虎舞」が縁起がいいとオープニングを飾ってもらい、場を開いた。その「虎舞」を舞ってくれたのが、当時國學院大學文学部神道学科学生の末永和磨姉弟であった。そのようなことがあって、釜石市の虎舞の力動的な踊りに関心を持ち続けており、震災後の虎舞の動きに大いに注目したのであった。

このような、関わりを持ったわずかな事例においても、被災地における民俗芸能が今なお持っている求心力と開放力に目を見開かされるものがあった。被災地沿岸部の復興過程に民俗芸能が果たした役割と力は、今後の地域文化振興を考えていく上でもきわめて重要な事例となったといえよう。

第三節　自然災害と祭りと聖地文化

東日本大震災が起こった時、「千年に一度の大震災」と言われた。では、その千年前に何があったかというと、言うまでもなく、貞観大地震である。『日本三代実録』（延喜元年、九〇一年編纂）に、貞観十一年五月二十六日（八六九年七月九日）、「陸奥國地大震動。流光如晝隠映。頃之。人民（叫）呼。伏不能起。或屋仆壓死。或地裂埋殪。馬牛駭奔。或相昇踏。城（郭）倉庫。門櫓墻壁。頽落顚覆。不知其數。海口哮吼。聲似雷霆。驚濤涌潮。泝□漲長。忽至城下。去海數十百里。浩々不弁其涯涘。原野道路。惣為滄溟。乗船不遑。登山難及。溺死者千許。資産苗稼。殆無孑遺焉」とある。

この年、旧暦の五月二十六日に東北地方で大地震があり、流光が真昼のように照らし、人々は叫び声をあげて倒れ伏して起き上がることもできないほどだった。家の下敷きになって圧迫死する者や、割れた地面に埋もれる者が続出するありさまで、驚愕した牛馬は奔走し、城郭や倉庫や門や壁などが倒壊、その数も数えられない。海が雷のように吠え、盛り上がった高波が城下に押し寄せ、海から数十百里もあるところまで果てしないくらい波に呑まれ、原野であるか道路であるかもまったくわからず、船に乗る間も山に登る間もなかったので、溺死者は千人も出た。そして、家財も苗も何も残らなかったほどの大災害であったというのである。

災害記録としては、鴨長明の『方丈記』（一二一二年著述）に、元暦二年（一一八五）、平家が壇ノ浦で滅亡した年の半年後の夏に、「又同じころかとよ、おびたゝしく大地震振ること侍りき。そのさま、世の常ならず。山は崩れて河を埋み、海は傾きて陸地をひたせり。土さけて水わきいで、巌われて谷にまろびいる。渚漕ぐ船は波にたゞよひ、道ゆく馬は足の立ちどをまどはす。都のほとりには、在々所々、堂舎塔廟、ひとつとして全からず。或は崩れ、或は倒れぬ。塵灰立ち上りて、盛りなる煙の如し。地の動き、家の破るゝ音、雷にことならず。家の内にをれば、忽ちにひしげなんとす。走り出づれば、地われさく。羽なければ、空をも飛ぶべからず。竜ならばや、雲にも乗らむ。恐れのなかに恐るべかりけるは、只地震なりけりとこそ覚え侍りしか」と出てくるが、どちらも迫真の災害記録である。

貞観大地震発生時の天皇は清和天皇で、摂政・太政大臣として藤原良房が政務を執っていた。

ここで、注目したいのが、「祇園祭」の起源を記す『祇園本縁雑実記』（八坂神社所蔵）である。同書に、「貞観十一年天下大疫の時、宝祚隆栄、人民安全、疫病消鎮護の為、卜部日良麿、勅を奉じて六月七日、六十六本の矛、長二丈許りを建て、同十四日、洛中の男児及び郊外百姓を率いて、神輿を神苑泉に送り、以て祭る、是れ祇園御霊会と号す、爾来毎歳六月七日十四日、恒例と為す」とある。

前掲『三代実録』には、貞観五年（八六三）五月二十日に勅命によって神泉苑で「御霊会」が行われたことが記されている。それが御霊会の初見であるが、その六年後の貞観十一年六月七日に疫病が流行したので、卜部日良麿が六十六本の矛を立てて諸国の悪霊をそれに憑けて祓いやる御霊会を行ない、その際、牛頭天王を祀って、神泉苑に送ったという。それが「祇園祭」の起源であるというのだ。

問題はその日程である。ちょうどその一二日ほど前に、貞観大地震が発生した。貞観大地震は、旧暦の五月二十六日、すなわち、太陽暦の七月九日に起こった。この大災害は、鎮守府の置かれた多賀城からすぐに朝廷に知らされ、疾病の「宝祚隆栄、人民安全、疫病消鎮護」の願いとともに「祇園御霊会」が行われたのだろう。

冒頭で、日の神天照大御神が天の岩屋戸に隠れて世界が暗黒に覆われた時、その最大の危機を「祭り」を行なうことによって打開しようとした、その神話的思考が、この貞観大地震発生後にも形を成していたということ、そしてそれが祇園祭の始まりであるということ、このことを深く受け止める必要があるだろう。

というのも、祭りも、それを行なう場所である神社などの祭場も、防災や浄化という観点から見て、より強度のある場所として選定されているからである。いいかえると、神社は防災拠点、安全確保の場所でもあったということである。そのことは、今回の三陸被災地区における宮城県仙台市若林区に鎮座する「浪分神社」や、石巻市北上町に鎮座する釣石神社や気仙沼市の紫神社や岩手県九戸郡野田村の愛宕神社の存在によって示すことができる。

ここで、興味深い事実を挙げておきたい。『延喜式』神名帳には、延喜式内社二八六一所・三一三二座が記録されているが、東北地方では、陸奥国一〇〇座、出羽国九座となっている。この陸奥国一〇〇座は、関東地方の常陸国二六座、下総国一一座、上総国五座、安房国六座、上野国一二座、下野国一一座、武蔵国四四座、相模国一三座などと比較してかなり多い数に見えるが、陸奥国の領地が福島県から宮城県、岩手県、青森県の太平洋岸をほとんど全部含んでいるとわかれば不思議ではない。しかしそれでも出羽国九座という日本海側の延喜式内社の数に比して非常に多いことがわかる。

しかも陸奥国の中で牡鹿半島のある牡鹿郡が、一郡だけで一〇座と群を抜いて多いことも注目すべきである。この小さな半島周辺に、「零羊埼《ひつじさき》神社」と「伊去波夜和氣命《いざはやわけのみこと》神社」という不思議な名前の「名神大」の格式の高い神社が二社もあるのだが、それは、地震や噴火や津波などが猛威を振るったところであったからではないだろうか。延喜式内社は、一方では、諸国（地方）支配のための重要生産・政策拠点でもあり、同時に「ちはやぶる神々」を鎮めるための民間伝承と信仰の集結点でもあった。

ちなみに、関東地方では、武蔵国四四座、安房国六座、上総国五座、下総国一一座、常陸国二八座だが、伊豆国九二座の多さは異常である。その隣の駿河国は二二座、北の隣国である甲斐国は二〇座だから。

ここで、伊豆国が九二座と飛びぬけて周辺諸国より多い理由を述べておくと、そこが火山噴火の多い地帯であるからであろう。伊豆七島の大島の三原山や熱海や熱川などの温泉を含め、そこは今なおいつ噴火するかわからない「ちはやぶる神々」のおわす国であった。それゆえに「嚴《いつ》（伊豆）の国」と呼称されたのであろう。また、伊豆国式内社の大きな特徴は、神社名がきわめて具体的で、かつ異様に長いという事実である。たとえば、「波夜多麻和氣命《はやたまわけのみこと》神社」とか、「阿《あ》豆佐和氣命《ずさわけのみこと》神社」、「阿米都瀬氣多知命《あめつせきたちのみこと》神社」とか、他国の神社名と比較して異彩を放っている。これも、災害多発地帯であった陸奥国牡鹿半島牡鹿郡の式内社と照応する、半島の「ちはやぶる神々」の鎮めの事例ではなかろうか。

わたしは『現代神道論』や『日本の聖地文化』の中で、「生態智」を宿す「聖地」として神社を捉えた。「聖地」とは、本来、「聖なるものの示現する聖なる空間」であり、神話（物語）と儀礼が反復される場所である。「生態智」とは、第三章でも述べたように、「自然に対する深く慎ましい畏怖・畏敬の念に基づく、暮らしの中での鋭敏な観察と経験によって練り上げられた、自然と人工との持続可能な創造的バランス維持システムの知恵」であり、それは聖地や癒し空間や古代からのさまざまな生活文化のワザの中に保持されてきている。

聖地とは、「聖なるモノの示現するヌミノーゼ的な体験が引き起こされる場所」であり、そこには「生態智」と呼ぶことのできる知恵と力が宿っているがゆえに長らく祈りや祭りや籠りや参拝や神事やイニシエーションなどの儀礼や修行（瞑想・滝行・山岳跋渉等）が行われてきた。そのような場所は、太古の記憶を場所の記憶として蔵した聖なるものの出現地にして、魂を異界へと飛ばし、つなぎ、浄化し、活性化するタマフリ・タマシヅメの力を持つ。人間にとって根源的ないのちと美と聖性に関わる宇宙的調和と神話的時間を感じとる場所である。

このような聖地は「性地（エロス空間）」にして政地（政治空間）」でもある。つまり、生殖を含む生命力を喚起し、活性化するのみならず、人々の念や思いや信仰を集め、情報とエネルギーの集積回路となる「性地」としての特性があるために、そこは政治的な統治や支配にとっても非常に重要な場所、すなわち「政地」となってきた。そのような「生態智」を宿す「聖地」を二十一世紀の「霊性のコモンズ（公共財）」として生かすことが求められている。

『日本の聖地文化』の執筆者の一人である地質学者の原田憲一は、日本列島に起こった自然災害がもたらしたポジティブな側面を「日本の災害文化」として地球科学的な広い視野から指摘している。原田によれば、安全な聖地と危険な聖地の識別が神社と危険地名に現れており、また参道や境内や社叢は被災軽減を考慮した神社の配置といえる工夫された装置であり、祭りと直会による神事を通じての共同体意識の醸成、災害教訓の伝承と減災の工夫、被災後の相互扶助、神事を通じての鎮魂と慰撫などが組み込まれているという。

また、洪水（鉄砲水、濁流、氾濫）、火山噴火（火山灰、溶岩流）、地すべり、山体崩壊、津波、干魃・冷夏などの諸災害、それに対して、恵み（日光、水、雨、風）、豊穣（穀物、魚介類、家畜）、安全（居住、漁労、狩猟、旅行）などの諸恩恵が、神々の多様な性格や機能の形成に影響を与えてきたと推測している。災害の多発こそが日本の風土と神々の多様性を生み出してきた原基であるというわけである。

原田の言う「安全な聖地（避難所）としての神社」は、二〇一一年八月二十日にTBSの報道

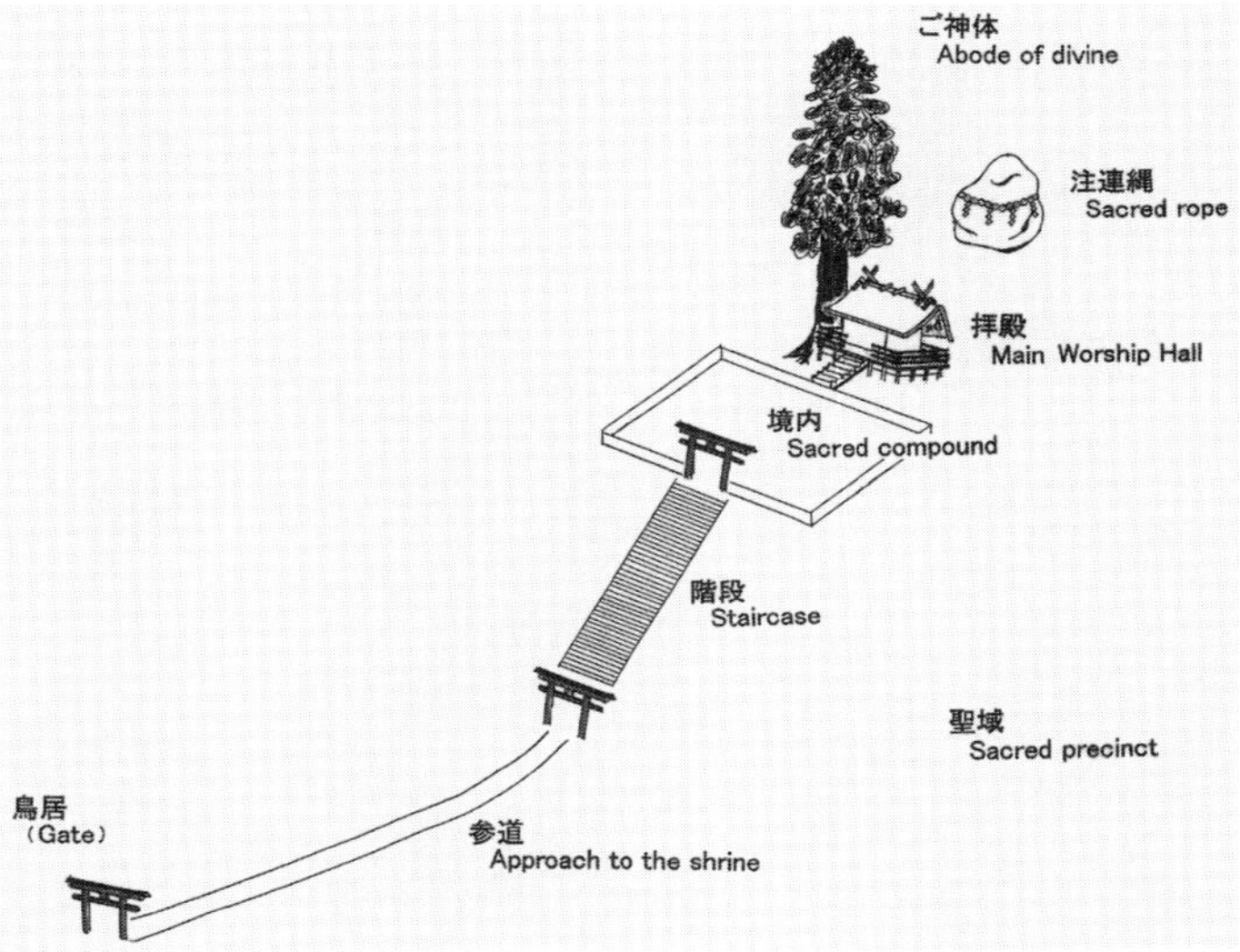

安全な聖地（避難所）としての神社（原田憲一作成図）

特集「神社が津波の浸水域に沿って建てられているという検証・報道」によって、別の角度から実証された。同報道は、東日本大震災の被災地区において、津波の浸水域を免れ、安全に機能した神社の分布を示した。そしてその報道から導かれてきた事例と結論を、『神社は警告する――古代から伝わる津波のメッセージ』（高瀬仁・吉田和史・熊谷航、講談社、二〇一二年）にまとめている。

原田憲一も高瀬仁らも、同様に、「鎮守の森」が持っている「鎮守力＝防災・安全力」をそれぞれの観点と事例の検証を通して語っている。

とすれば、日本列島を生きる未来のライフ・スタイルを創造していく上で、この災害列島の伝統文化を活かさない手はない。というよりも、これを活かしつつより柔軟性と強度を増した生き方を作り上げる必要がある。

第四節　アート支援活動とこころの再生に向けて

わたしは、被災約五十日後の二〇一一年四月二十八日に行なわれた「京都大学大規模自然災害対策・復興全学大会議」の際に、「これから何ができるか、何をしたいか?」という質問項目に対して、次のように書いた。〈①伝統文化の心と体のワザ（瞑想・武道・気功など）を活用したメンタルヘルスケア、②伝統文化および民俗芸能・芸術、聖地文化・癒し空間を活用した復興と再生、③脱原発社会の社会デザイン・世直し。二十一世紀文明のありかた。その中での日本文明の位置とありかた。そこにおける、伝統文化（祭り・芸能・芸道・宗教など）の継承と活かし方。自然と人間と文明との関係の中での「生態智」の再発見・再評価と再構築。聖地などの安らぎや浄化をもたらす「癒し空間」の活かし方〉と。

このような思いを抱きつつ、その会議の三日後に第一回目の被災地めぐりを行なったのだが、そこで、「雄勝法印神楽」や「虎舞」などの「伝統文化の心と体のワザ」や「民俗芸能」や「聖地文化・癒し空間」がどのような地域復興や再生の力になっているかを目の当たりにしていった。

さらに、前掲「命のウツワ」プロジェクトを始め、被災地復興に関わって、さまざまなアート活動の支援を行ない、今も継続している。

一九九五年一月十七日に阪神淡路大震災が起こった時、損害が比較的軽微であった元町通り商店街の中にあった海文堂書店の社長島田誠はそれまでのアート支援活動を踏まえて、芸術文化による復興支援活動と芸術家を支援する「アート・エイド・神戸」を立ち上げ、さまざまなアート支援活動を行なった。その活動に対し、翌一九九六年に島田は「企業メセナ大賞奨励賞」を受賞している。その活動と接点を持ちながら、喜納昌吉とわたしたちは、一九九八年八月八日に「神戸からの祈り」という震災犠牲者への鎮魂供養と被災地に向けたアートイベントを行なった。(8)

この時の経験と反省が、今回のわたしたちの東日本大震災への取り組みに反映している。京都大学こころの未来研究センターでは、震災直後に「震災関連プロジェクト――こころの再生に向けて」という取り組みを始め、まもなくまる五年になる。(9) 二〇一五年九月十九日、雄勝町の延喜式内社石神社の里宮である葉山神社の遷座奉祝祭が開催された。二十日には雄勝法印神楽が力強く舞われた。その中に混じって、観世流能楽師の河村博重とわたしは、創作「鎮魂能舞　葉山・石峰」を奉納上演した。(10) それらはとても小さな取り組みであり、道半ばではあるが、今なお阪神淡路大震災時の経験と、未来に起こる可能性があるさまざまな災害に対しても応用可能な研究と支援のかたちでありたいと心に念じつつ日々格闘しているところである。

(1)　第一回目は、二〇一一年五月二日から五日までの四日間、宮城県仙台市若林区から岩手県久慈市までの三陸沿岸部約五〇〇キロ。第二回目は、二〇一一年一〇月一〇日から一三日までの四日間、宮城県。第三回目は、二〇一二年五月一日から六日までの六日間、青森県八戸市から福島県南相馬市と浪江町の境まで約八〇〇キロ。第四回目は二〇一二年八月二四日から二七日までの四日間、宮城県名取市閖上地区から岩手県遠野市までの約三五〇キロ。第五回目以降は、福島県浪江町か南相馬市から青森県八戸市までの約一〇〇〇キロ。この間、ほぼ同じコースの拠点地を定点観察してきた。その観察記録の一部は、鎌田東二『現代神道論――霊性と生態智の探究』（春秋社、二〇一一年）、「モノ学・感覚価値研究会」HP、京都大学こころの未来研究センターHPなどに発表している。二〇一五年九月に行なった第十回目までの報告も同HPに掲載している。

（2） 記紀神話について、鎌田東二『超訳　古事記』（ミシマ社、二〇〇九年）、同『神と仏の出逢う国』（角川選書、角川学芸出版、二〇〇九年）、同『古事記ワンダーランド』（角川選書、二〇一二年）を参照されたい。

（3） 聖地文化については、河合俊雄・鎌田東二『京都「癒しの道」案内』（朝日新書、朝日新聞出版、二〇〇八年）、鎌田東二『聖地感覚』（角川学芸出版、二〇〇八年）、鎌田東二編『日本の聖地文化』（創元社、二〇一二年）、鎌田東二編『究極　日本の聖地』（ＫＡＤＯＫＡＷＡ、二〇一四年）を参照されたい。

（4） 手塚真監督映画『雄勝〜法印神楽の復興』は、一〇月六日、湘南リビング新聞社＋雄勝法印神楽鎌倉公演実行委員会主催により、鎌倉芸術館小ホールで神楽演舞と共に上映され、同一〇月二八日、ＮＰＯ法人としまユネスコ協会主催、公益財団法人としま未来文化財団共催により、「豊島区制80周年記念事業　伝統芸能を通じた地域コミュニティ再生への挑戦」でも上映され、その際、ユネスコ文化講演「伝統芸能を通じた地域コミュニティ再生への挑戦」、トークセッション「文化による地域コミュニティづくりの挑戦」が行われた。

（5） 二〇一一年四月二日付けの産経新聞に、「被害を抑えた防災意識の高さ」と題する記事が掲載され、次のように水浜地区の伊藤博夫会長の力強い発言が紹介されている。「『千年に一度』と言われる東日本大震災の大津波は被災地に壊滅的な被害をもたらした。そのなかで、昔から何度も津波を経験してきた宮城県石巻市雄勝町の水浜集落は、約130戸の集落がほぼ壊滅したが、住民は380人中、死者1人、行方不明者8人で全体の2パーセント程度。背景には、地域で受け継がれてきた知恵や防災意識の高さがあった。／水浜集落は、津波を増幅させるリアス式の雄勝湾の入り口にあたる。昭和8年の昭和三陸津波や、35年のチリ地震津波を経験し、昨年2月のチリ地震でも約70センチの津波が押し寄せた。集落近くの市の支所前には、「地震があったら津波の用心」と刻まれた石碑があった。石碑は今回の津波で流されてしまったが、長年言い伝えられてきたその言葉を胸に刻んでいる。／主婦の秋山勝子さん（67）は地震当時、海岸から約30メートル離れた自宅にいたが、夫とともにそのまま飛び出し、高さ二十数メートルの高台を目指した。高台に着いた約15分後、茶色く濁った波が轟音とともに、集落を飲み込んだという。／湾を襲った津波は最高約20メートルに達し、約130戸のうち9割以上が流出。だが、住民約380人の大半は波がくるまでに、高台に登り難を逃れた。／地区では毎年、高台に上がる訓練を実施している。地区会長の伊藤博夫さん（70）は「水浜のもんは、高台までの一番近い道を体で覚えている」という。／「貴重品やアルバムはすぐに持ち出せるよう、リュックサックにまとめている」と話す住民もいた。／集落には1人暮らしのお年寄りも多かったが、伊藤さんは「どこの家に誰がいるか、頭に入っている」。自身も独居高齢者を家から連れ出し、背中を押して高台を目指した。／今回、被害が大きかった地域では、荷物を持ち出そうとしたり、車で逃げようとして渋滞にはまり、逃げ遅れたケースも目立つが、秋山さんは「命さえ助かれば、後は何とか生きていける。とにかく逃げること」と話した。／高台にある避難所に逃げたが、集落は孤立した。入り組んだ地形の沿岸部にある集落は石巻市中心部から30キロ以上離れ、当初、道路はがれきや土砂で寸断された。4日間は完全に隔絶されたが、全く慌てなかったという。／もともと市内から離れたこの地域は米や缶詰などの保存食を備蓄する習慣があり、水が引いてから被害に遭わなかった家に備蓄された食料を全員で分け合った。さらにガソリンを節約するため、集落中の燃料をまとめて一台の車だけを使用、数日たってから一本だけ通った道を使って買い出しや、親類などへの連絡を効率的におこなった。／今も高台の避難所には約120人が共同生活を送る。まだ電気、水道がなく、電話は通じない。さらにホタテ養殖が県内一盛んだったこの集落の船約50隻も4隻しか残らなかった。しかし、伊藤さんは「われわれに悲壮感はない。支え合ったみんなとなら、またやっていける」と話した。」

(6) NHK・Eテレビの番組は、「3・11 その後 ふるさとの祭りはいま」(五〇分)として二〇一二年三月一八日に放送され、わたしも出演・取材協力をした。

(7) 同様の記事が、河北新報の二〇一一年四月二五日付けの「虎舞、大地跳ねる 岩手・釜石」と題する記事である。「東日本大震災の被災者を元気づけようと、岩手県釜石市に伝わる郷土芸能、虎舞の保存団体「尾崎青友会」が24日、同市の避難所となっている旧釜石一中体育館前で勇壮な舞を披露した。／青友会は震災で会員2人が亡くなったという。この日は約20人が参加し、会員の一人が「天国に行った人や元気に生きている皆さんのために踊ります。多くの死を無駄にしないためにも頑張りましょう」とあいさつ。軽快なおはやしや太鼓に合わせ、虎にふんした踊り手が舞った。／自宅と店が津波で流された釜石市港町の美容院経営寄松久美子さん(59)は「家が流されても泣かなかったのに、舞を見たら涙が出た。私たちも頑張るしかない」と涙をぬぐった。／虎舞の由来は諸説あり、同会関係者によると、祭りやお祝いの場、航海の安全を祈って踊られる。青友会の坂本照人会長(38)は「被災者の方々に少しでも元気になってほしい」と話した。」

ところで、本文の朝日新聞の記事の記者は、わたしが早稲田大学法学部で「宗教学」の非常勤講師をしていた時に受講していた人であった。授業時、沖縄の神の島と言われる久高島の話をした際、その島の宗教に興味を持って、彼が属している水嶋ゼミの学生をオーガナイズして一週間ほど沖縄本島と久高島の調査に行き、詳細な報告書を仕上げて届けてくれた。その時、四年生だった彼は卒業後、朝日新聞社に入社し、秋田支局に勤務しながら、東京で組織された朝日新聞の震災特別報道班にも属して取材活動をしていたのだった。そして、記事が新聞に掲載される直前の三月二五日ごろ、沖縄の宮古島の離島の大神島などの御嶽や聖地調査に出かけていたわたしは、同行していた「久高オデッセイ」の映画監督大重潤一郎と当時沖縄大学専任講師(現在、同大准教授)だった映像民俗学者で助監督の須藤義人と一緒に夕食をとりながら、旧知の同記者の話となり、突然、宮古島から秋田の彼のところまで電話したのだった。彼は被災地を取材して大変落ち込んでいる様子だった。被害状況の大きさにどのような表現もついて行かなかったのだろう。そして、彼は被災地から甦ってくる伝統文化・伝統芸能の記事を書いて、再生を願ったのだろう。矢島大輔記者は書いた。「虎舞い」は「地域の絆」だと。その「きずな」があるかぎり、地域は再生するだろうと願いを込めつつ。

(8) この間の記録は、喜納昌吉+鎌田東二『霊性のネットワーク』(青弓社、一九九九年)を参照されたい。

(9) 本プロジェクトについては、京都大学こころの未来研究センターのHPを参照されたい。同プロジェクトの連携研究員は、島薗進(上智大学グリーフケア研究所所長)、鈴木岩弓(東北大学教授)、玄侑宗久(花園大学客員教授)、金子昭(天理大学教授)、稲場圭信(大阪大学准教授)、黒崎浩行（國學院大學教授）、井上ウィマラ（高野山大学教授）、佐久間庸和（九州国際大学客員教授）である。また、二〇一五年三月十一日には、「モノ学・感覚価値研究会」が主催して、京都の北野天満宮において鎮魂アートイベントを行なった。「3・11」の前後に展覧会やシンポジウムを行ない、その一連の活動を『モノ学・感覚価値研究』第十号（二〇一六年三月刊）で報告している。

（10）この創作「鎮魂能舞　葉山・石峰」の脚本と上演状況については、「モノ学・感覚価値研究会」および「身心変容技法研究会」のＨＰ「研究問答」欄に報告している。

第五章　世直しと教育と霊性的自覚

第一節　韓国儒学の学びから

ほとんどの人が儒教を倫理道徳だと理解している。ご多分にもれず、わたしもそのような一人であった。

だが、最近、「儒学は道徳の学ではなく、美学である」という認識と意見を韓国で聞いて目を見開かされた。わたしは儒教についてずいぶん表面的で一般的な理解しかしていないのではないかとも反省させられた。

一般には儒教とか儒学と言うと、古臭い硬直した封建道徳だとイメージしがちだ。確かに、江戸時代に朱子学が徳川幕府の体制擁護の御用学となり近世封建制度を支えたし、江戸時代末期の水戸学や明治維新期の民族主義や国家主義の台頭の中で、儒教的な観念や精神道徳が過剰に振り撒かれたところがあるので、保守的で体制的で閉鎖的な旧弊の思想と思われている。

だが、二〇一五年十二月四日から六日までの三日間、「韓国儒学」の拠点である慶尚北道安東市の陶山ソンビ文化修道院で、嶺南退渓学研究院と陶山ソンビ文化修練院主催の韓中日国際シンポジウム「生命と平和、治癒と霊性から見た退渓学」に基調発表者として参加し、韓国儒学の伝統の奥深さや多様性に触れ、現代の諸問題や課題について学び考えることが多かった。また儒学の持つ未来可能性についてもいろいろと考えさせられ、認識を新たにした。

関心を引かれた第一の点は、韓国儒学の最高峰として仰ぎ見られ、千ウォン紙幣の肖像画にも描かれている李退渓（李滉《イ・ファン》、一五〇一―一五七〇）の提唱した儒学が「霊性」や「心」についての深い洞察に基づいて、呼吸法を含む「活人心方」という独自の身心変容技法である養生法を編み出していたことである。李退渓は、朱子の提唱した「格物致知」や「理気二元論」に基づきながら、「四端七情説」を唱え、心の構造を精緻に分析し、それをもとに道徳的修養を練り上げた。「四端」は「惻隠・辞譲・羞悪・是非」の四つの知的で倫理的な心を指し、「七情」は「喜・怒・哀・懼・愛・悪・欲」の七つの感情や情念を指す。

李退渓はこうした心の知・情・意の全体構造の認識に基づいて、「養心」と「養気」を通した「養生」のありようを示した。(1) 彼は「今の医者は人の病を治すことはできるが、人の心を直すことはできない」「病を治めようとすればまず心を治めなさい」と「心の修養」を説いた。そして「心を治める」ことが同時に「生命を治める」ことと「道徳を治める」ことに連動することを指摘した。こうして「道徳と養生の接点」を見出し、「心を自由にし、養うことこそが道徳と生命を活かし、個人と社会を健康にする方法である」と主張したという。これはまさに韓国儒学式「身心変容技法」であるが、このような「方法」は現代を生きる多くの人に多大なヒントを与えることだろう。

興味の第二点は、基調講演者の元忠北大学社会科学大学学長の金泰昌博士が、「霊」を「心」と結びつけて理解するよりも、さらに一歩掘り下げて、その「霊性」を「根源的生命力」として理解するという観点を提示したことであった。宗教的対立が激化している一面がある現代世界の中で、「霊性」を「いのち」や「いのちの自覚」と結びつけて理解することで、対立を深めている世界の諸宗教や諸思想との対話を重ねていく基盤づくりが可能となる。

第三点は、冒頭で触れた、韓亨祚韓国学中央研究院教授の「儒学は道徳の学ではなく、美学である」という観点と主張であった。わたしは毎朝、石笛や横笛や法螺貝や雅楽の龍笛を奏奏するので、儒学が人倫修養の根幹に「礼楽之道」を置いていることに関心を持っていた。『礼記』「大学」には「修身斉家治国平天下」（自分の行いを正し、家庭を整え、国を治めれば、天下を泰平に導き統治することができるようになる、という儒教の根本思想）と書かれているが、ではその「修身」とはどのようにして可能かと言えば、同じ『礼記』の「楽記篇」にあるように、「楽は天地の和、礼は天地の序」であるから、天地万物の世界秩序を確かなものとするためには「楽」を奏して「天地の和」を実現しなければならない。この「楽」すなわち音楽の演奏が単なる楽器演奏に留まらない人間形成、人格修養の道であることを儒学・儒教は一貫して主張し実践し続けてきたのである。

天地人の調和を調律する「礼楽」としての儒学の本質。そして韓国儒学の「養生法」。この道徳的修道と美的・芸術的修練との連携・連動に基づく「儒学は美学である」という主張こそ、未来倫理となり得る思想だと思ったのである。

第二節　『論語』と三種の学問

『論語』「為政」の「子曰、『吾十有五而志于学。三十而立。四十而不惑。五十而知天命。六十而耳順。七十而従心所欲不踰矩』」（子曰く、「吾十有五にして学に志す。三十にして立つ。四十にして惑はず。五十にして天命を知る。六十にして耳順《したが》ふ。七十にして心の欲する所に従へども矩《のり》を踰《こ》えず」）のことをしばしば考え、いつもこれは理想的な人生であると感嘆する。

十五歳にして心に誓って学問の志を立て、勉学に実践に精進努力を重ね、三十歳でひとまず基盤が固まりわが身一人で自立できるまでになり、いっそう探究と実践に励んだ。そして、四十歳になって、いろいろと迷ったりいたずらに考えすぎたりすることがなくなり、五十歳になると、それまでにうすうすとは感じてきた「天命」を明確に自覚し、この世で果たすべきおのれの使命をはっきりと覚悟した。その後、六十歳になった頃には、人の言うことがそのまま素直に耳に入ってきてあるがままに理解できるようになった。そして、七十歳になって、心に思って自分がこうしたいと考えることをその通り実践しても、おのずと人の道を踏み外すこともなくなった。

批判の余地のない理想的な倫理的人間的成長のように思える。常々、「霊性」とは、①根源性

〈根っこ〉、②全体性〈丸ごと〉、③深化〈深まり〉であり、そのような様相とはたらきを持つ「いのちのコンパス」〈生の方向性〉であると考えているが、この「志学」〈十五歳〉から、「而立」〈三十歳〉、「不惑」〈四十歳〉、「知命」〈五十歳〉、「耳順」〈六十歳〉を経て、「従心」〈不踰矩・七十歳〉に至る過程の標識は、人生の苦悩や葛藤や確執と霊性的自熟の相互作用や調和にむけて生きていく上での大きな深い指針となる。

教育の問題を考える時、いつも「人類の教師たち」と呼ばれてきたソクラテスやブッダや孔子や老子やイエスのことが念頭に浮かぶが、この哲学や世界宗教の実践者・開祖とされる人々の生涯と実践と思想は、汲めども尽きせぬ泉のような珠玉の教育学的財産である。

わたしは常々、学問的探究に次の三種があると考えてきた。

〈一〉道としての学問——人格形成・人間性涵養を目指す。
〈二〉方法としての学問——知性練磨・認識機能亢進・新知見獲得を目指す。
〈三〉表現としての学問——学問的問いを詩や物語や演劇で表現するワザを研く。

第一の「道としての学問」とは、孔子の『論語』に「十五にして学に志す」と述べられているように、学問をする人間の志や動機や実存的意味や倫理に基づく人格形成・人間性の深化・涵養・練磨を促す学問のあり方を示すものである。

第二の「方法としての学問」とは、科学や人文学を含めて、すべて学問には一定の方法論や領域があるが、そのような知に至る明晰な方法や領域の特定を通して、ものの見方の更新や概念のイノベーションや新知識の発見と獲得を目指すあり方を示すものである。

第三の「表現としての学問」とは、西洋で言えば、プラトンの『対話篇』、アウグスティヌス『告白』、ニーチェの『ツゥラトゥストラかく語りき』など、日本で言えば、空海の『三教指帰』、中世の教学・教理問答テキストである法然の『選択本願念仏集』や吉田兼倶『唯一神道妙法要集』、宮沢賢治の『農民芸術概論綱要』など、問いと探究を新しい表現形式の中で探り深めていくあり方を示すものである。

「学問」は、例えば「序論（問題設定）・本論（事例実験提示・論証）・結論」の過程を明確に示すような論文形式だけでなく、その思索や問題把握と問題洞察のありようそのものをさまざまな表現形式で表すことができるはずである。今日のような「査読付き学術論文」を優先順位の第一にするような偏った一元的な評価方法では、学問の豊かさや創造性を発現させることはできないだろう。

以上のように、「学問」にはこの三種があり、その三種ともに重要な意味と役割とはたらきを持つと考えている。

わたしは、二〇〇八年四月に、京都造形芸術大学の教員から京都大学こころの未来研究センターの教員に転任し、教育学研究科の大学院で「臨床教育学演習」など、「臨床教育学」と名乗る科目を担当する教員となって、改めて「教育」や「教育学」や「臨床教育学」について考えるようになった。

「臨床教育学」（Clinical Pedagogy）とは、「臨床」と「教育学」の合成語である。元々医学用語である「臨床」という語からわたしがいつも連想するのは、剣道の立会い試合のような緊張感と、直接相手と向き合っている対面性と、逃げ出すことのできない当事者的な現場性であった。だから「臨床」という言葉にはいつも「今、ここに実存する」という現場感覚がみなぎっていてひりひりした緊張感がただよう。

同時にそれは、一挙に開かれていく「遊び」の身体性ともつながっていて、固定観念や仕組みを破砕する「臨機応変力」を生み出す土壌ないし母胎でもある。一休禅師など、禅者の言う「頓悟」などはそのような遊動・遊戯的身体知を実現し表現しているように思える。そのような「身体知」や「臨床感覚」のありようを「臨床教育学」を通して探ってみたいと考えるようになった。

そもそも「臨」の付く熟語には、「臨海、臨死、臨戦、臨発、臨終、臨別、光臨、降臨、駕臨、哀臨、臨機応変」などがあっても、いずれものっぴきならない、逃れることのできない当事者性や代替できない「此れ性」を表わしている。「臨」という字の偏の「臣」は会意文字で、下に伏せてうつむいた目を描いた象形文字であるという。そこで、「臨」という字は「臣（伏せ目）＋人＋いろいろな品」という組み合わせになり、人が高いところから下方の物を見下ろすことを示すこととなって、「高いところから下を見る」とか、「面と向かう」とか、「物事や時期に当面する」とか、「他人の来ることを表す敬語」とか、「死者のところに集まって泣く、その儀式」とかの意味に用いられるようになる。

このような「臨」という意味性を持つ「臨床の知」とは、ある事態や状況に「孔を開ける知」

であり、「孔の開く時（機）」である。その「場」において、その「場」の関係性の中に、風孔を開け、チャンネル（回路・水路・通路）を開き、身体を媒介として通じ合い、多次元的に対話する、開かれた身体知のいとなみ、それが「臨床の知」であり「臨地の知」である。

そして、「臨床」や「臨地」の「知」に欠かせない「臨機応変力」とは、「遊行性」と「即（速）性」となる。その時その場で組み立て、編集し、即座に、即応・対応する。「即身・速身、即心、即席、即位、即物、即答、即応、即決、即座、即戦、即時、三諦即一（「空・仮・中の三諦は本来ひとつである」とする天海が開いた天台教学である山王一実神道の教義）、即非、色即是空・空即是色」などなど、「即」のロゴスとパトスの「即身＝即心」の流れに身を任せて生き切ること。それが「臨機応変」を生み出す「臨床教育学」の場の知である。

だが、常に「臨機応変」の最適解を出すことは難しい。状況状況で判断と行為の選択を迫られ、その判断と行為が正しいかどうか、最適かどうかを吟味する余裕もなく流れていく事態の連続も起こり得る。そうした時に、正確で正しい「解」を立てることなど甚だ困難である。だが、一度選択し実践した「解」についてはこの身に引き受け、責任を取らねばならない。

「臨床教育学」という予期せぬ領域に足を踏み入れたために、いっそう混乱するような思考と判断と行為の渦中に投げ込まれることになった。その偶然とも必然ともいえる事態に感謝しつつも、そこからさらに深い学びと考察を導き出し、「楽しい世直し」に邁進したい。

第三節　鳥山敏子の「臨床教育学」的実践と「霊性」的自覚

二〇一三年十月七日、鳥山敏子は突然この世を去った。享年七十二歳であった。亡くなるその日の朝まで、鳥山は小学三年生の子どもたちの前に立って授業をしていた。授業中に気分が悪くなって、その日の夜、急死したのだった。

鳥山敏子は、日本が戦争に突入する直前の一九四一年一〇月三日に広島県に生まれ、香川大学教育学部を卒業し、東京都青梅市で小学校の教師となり、三〇年間、東京都の公立小学校の教員を続けた。そして一九九四年に職を辞して「賢治の学校」を作り、一九九七年立川市に拠点を移し「東京賢治の学校」と改称して本格始動した。

鳥山は、東京都内の公立小学校で、ニワトリを殺して食べる授業やブタを飼育したあとで一頭丸ごと食べる「いのちの授業」を行ない、物議をかもした。その教育実践はまさに「臨床教育革命」であった。

「いのち」が「いのち」であることとの生のかたちを、身体的にまるごと感受することなしに「いのち」の尊厳も根源もわかるわけがない。「命を大切にしよう」などという口先だけの道徳訓では、心の底から「いのち」を畏怖・畏敬し大切にできる子どもは育たない。

鳥山はそう確信していた。口あたりのよいだけの甘い言葉などではなく、真に「いのち」を大切にできる深く優しい心と体に育っていくこと。鳥山がめざしたのはそのような「身心」であり、さらに言うなら、それを支える「たましい」の教育であった。「いのち」とは、からだもこころもたましいもまるごと含む存在である。

鳥山敏子は『いのちに触れる——生と性と死の授業』（太郎次郎社、一九八五年）の中で次のように述べている。

「最初、考えていた『人間と肉』の授業は、生きているものの『生と性と死を考える』授業へと変化していった。豚や牛をただ食べものとしてみることが、わたしにはできなかった。同じ生きものとして、いやむしろ、もっとも残酷なことを平気でしている生きもの、動物として人間をとらえるようになっていた。『生きるということ』『性』『死』を、豚も牛もヒトもおなじ線上にならべて考えてみよう。人間優位の考えが当然という考え方のなかで、どのくらい授業でやれるかわからないが、人間のためならすべてが許されるという考えと、なんとか対決してみたい。」

鳥山は「同じ生きもの」の「いのち」の根源を見つめる授業を展開していく。「人間と肉」の授業から「生と性と死を考える」授業へと。人間優位の考えを取り外して「いのち」の平等性と尊厳に迫っていく。

『からだが変わる　授業が変わる』（晩成書房、一九八六年）では、鳥山は、「これらの授業を通して、自分をみつめ、生命を考える授業をやってきたが、これらの授業は、子どもたちを育てている父母が、日々の生活の中で、その全存在をかけて、わが子のからだに語りかけていることの中で進行している。親たちは、日々の子どもたちのからだが発することば、うめき、叫び、喜び、悲しみ、訴えなどを、その生命がのびていきたがっている方向を、どれだけの深さで感じとっているのだろうか。学校の授業は、子どもたちの存在に大きな影響を与えることもあるが、しかし、何といっても親の影響力は決定的ともいえるほどの力をもつ。親が己れ自身をどうみつめ、どう生きるか、それに子どもたちの未来はかかっている、といっても過言ではないだろう」と述べている。

「その生命がのびていきたがっている方向」をどう感じとることができるか、それが鳥山にとって教育の本質的意義である。わたしは、この「生命がのびていきたがっている方向」を「いのちのコンパス」としての「霊性」であると考える。

鳥山はまた『生きる力をからだで学ぶ』（トランスビュー、二〇〇一年）の中で、次のように「教師」と教育について述べる。

「教師にとって、この子どもはどこから来て、どこへ行こうとしている存在なのかということ、子どもの命の核にある『のびていきたい』という部分に教師がどれだけ働きかけることができるかが、毎日問われています。そのとき、いちばん問題になるのは教師自身のありかたです。教師がいきいきとしていないと創造的な授業はできません。また、自分にこだわりすぎていたり、子どもをていねいに見ていなかったりすると、そのときどきの子どもたちのからだに沿った授業はつくれません。教えたい気持ちが先走り、子どもが今この瞬間求めているものが何かということが見えなくなってしまいます。そんなことでは、子どもが創造的なからだになっていくはずがありません。子どもにふれるということは、同時に子どもからもふれられるということです。教師の存在のありようすべてにもふれているということです。」

「子どもの命の核にある『のびていきたい』という部分に教師がどれだけ働きかけることができるか」が学校教育の根幹である。そのためにも、「命の核」に触れ、はたらきかけることができなければならない。

この痛切な自覚が宮沢賢治とルドルフ・シュタイナーの教育実践に向かわせ、前人未到の「東京賢治シュタイナー学校」の設立となった。そこでは、小学校一年生から十二年生、つまり高校三年生までが一つの学び舎で生活を共にする。まったく新しい「心身霊の教育共同体」を鳥山は作り上げた。そのラディカルで本質的な教育実践は、日本の教育界においては異端的な教育実践とみられがちであるが、大変優れた先駆的な深い臨床教育学的実践事例として、必ずや未来の教育羅針盤となるだろう。

十八年前の一九九八年十一月、わたしは鳥山敏子にそそのかされて「神道ソングライター」になった。だが、二〇一三年十月にわたしをけしかけた張本人の鳥山敏子が逝ってしまった。その年の暮れに行なわれた「鳥山敏子先生を偲ぶ会」で、わたしは鳥山との出会いと「神道ソングライター」となったいきさつを語り、遺影に向かって、「この光を導くものは　この光とともにある　いつの日か輝き渡る　いつか　いつか　いつの日か／あなたに会ってわたしは知った　このいのちは旅人と　遠い星から伝えきた　歌を　歌を　この歌を／導く者はいないこの今　助ける者もいないこの時　いのちの声に耳を傾け　生きて　生きて　生きていけ」とアカペラで歌い、感謝と別れの法螺貝を力いっぱいに吹いた。そして二〇一四年一月七日に刊行した『歌と宗教——歌うこと。そして祈ること』（ポプラ新書、ポプラ社）を鳥山敏子に捧げたことを告げ、鳥山敏子の遺志を受け継いでいくことを誓ったのだった。

鳥山敏子の教育実践記録を見ていると、心も体も「痛くなる」。鳥山はまさにその「痛み」を当人に引き受けさせようとしている。教育の当事者とは「自分自身でしかない」ことの覚悟を痛烈な「痛み」とともに迫る。子供も大人もこの鳥山の「迫り」にたじろぐ。そしてどうにも「逃げられない」こと、この身に引き受けざるを得ないことを否応なく自覚し覚悟する時、鳥山の「迫り」は一挙に「開かれ」の場を生み出す。

わたしは常日頃、「体は嘘をつかないが、心は嘘をつく。しかし、魂は嘘をつけない」と考え、「霊性」の軸を「嘘をつけない自分」と捉えている。どのようにごまかそうとも、ごまかしきれない自己。その「嘘をつけない自己」の開示を鳥山は求める。

鳥山敏子の教育実践はだから、いつも真剣勝負そのものである。それゆえにこそ、それは「痛い」。生きる意味を根源的に問いかける「スピリチュアル・ペイン」に満ちている。感覚・身体・言語を総動員して「開かれ」と「突破」を迫る。尋常ではない迫力で。

それでは、鳥山敏子が開いた「東京賢治シュタイナー学校」とはどのような「学校」であり、「教育」をしているところなのか？

シュタイナー教育は、ドイツの神秘哲学者ルドルフ・シュタイナー（一八六一—一九二五）の人間観や教育法に基づいている。その人間観や教育法の特徴は、成長の節目を七年単位で捉えながら、その成長過程にふさわしい教育実践を促すことにある。たとえば、七歳までの幼少期には「意志」の育成、八歳から十四歳までの少年期には「感情」の育成、十五歳から二十一歳までの青年期には「思考」の育成と、それぞれの成長課題が設けられ、その時期と課題にふさわしい教育方法によって「意志」や「感情」や「思考」を活性化させ、開かせる。

孔子は「十有五にして学に志す」と言ったが、この十五歳という境界年齢は、シュタイナーの発達課題理論にしたがえば「感情」から「思考」の育成に転換していく時期に当たる。その時期に思考力を育成する「学に志す」ことは、孔子の観点とも一致する。シュタイナーは言う。「子どもの魂の中にあれこれいろいろなものを注ぎ込んではなりません。そうではなくて、子どもの精神の前に畏敬の念を持つのです。この精神は自分自身で成長していきます。私たちの責任は、子供たちの成長を妨げる障害物を取り除き、その精神が自分自身で成長していくきっかけをつくってあげることなのです」と。

「志学」という探究が始まれば、おのずと、それぞれの発達年齢と課題に応じて、「而立」「不惑」「知命」「耳順」「従心」に至ると考えた孔子とシュタイナーは驚くほど近くにいる。孔子もシュタイナーも精神の自己成長に信を置き、それを妨げることこそがもっとも非教育的・反教育的な事態だと考えている。孔子が「五十にして天命を知る」と言う時、そこに「天」に向って「畏敬の念」を抱いて立っている「精神」がある。その「精神」が「天命」を聴き取るのだ。その「精神」を「霊性」と言い換えることもできる。

さてそれでは、このシュタイナー思想と教育実践と宮沢賢治がどう関わるのだろうか？　現在、「東京賢治シュタイナー学校」のＨＰには、宮沢賢治の『農民芸術概論綱要』の「序」の中の有名な一節「世界がぜんたい幸福にならないうちは個人の幸福はあり得ない」が引かれ、「宮沢賢治は、生き物はみな兄弟であり、生き物全ての幸せを求めなければ、個人の本当の幸福はありえないと考え、生き物、鉱石、風、虹、星、といった森羅万象との交感から多くのエネルギーを体得していました。宮沢賢治の精神とは、『正しく強く生きるとは銀河系を自らの中に意識してこれに応じて行くことである』（宮沢賢治 一九二六年）というものです。これは、宇宙・自然・他者とつながる『共生の精神』ということができます。この精神は、ドイツのルドルフ・シュタイナーが提唱した精神ともみごとに繋がっています。『東京賢治シュタイナー学校』でもこの思想を第一義として、自らの身体と心の内なる声を聞き、人、生き物、地球、宇宙との深いかかわりを意識することに重点をおき、その中で自分らしく生きていくことを学びのなかで実践しています」と説明されている。

この説明の核心に、照応の原理がある。世界がどのような関係構造の中にあるか、その中で自己の位置と役割とは何であるか、そこでわたしはどう生きていくのか。そのような世界認識と自己認識と社会実践との相関が示されている。宮沢賢治の『農民芸術概論綱要』の「序」の中にある言葉、「正しく強く生きるとは銀河系を自らの中に意識してこれに応じて行くことである」がそのありようを示している。

「銀河系を自らの中に意識してこれに応じていくこと」が「正しく強く生きる」ことになるとは、説明の必要な表現である。なぜ、「銀河系を自らの中に意識してこれに応じていくこと」が「正しく強く生きる」ことになるのか？　この言葉を近くにいる花巻農学校の生徒や保護者や同僚教員が聞いても、よくわからなかっただろう。たぶん、煙に巻かれたような気分で、ロマンティックな修辞的な文飾に興ざめしたのではないだろうか。

だが、宮沢賢治は意気軒昂であり、真剣であった。そのような生き方こそが、賢治流の「霊性的自覚」に基づく生き方であると確信していた。宮沢賢治の世界観の中では、「銀河系」とか「四次元」とかはほとんど『法華経』ないし『法華経』の生命観や宇宙観と同義である。従って、論理的には、「正しく強く生きる」とは、「銀河系」すなわち『法華経』を「自らの中に意識してこれに応じていくこと」となり、賢治の中では明確な整合性を保持している。

宮沢賢治は大正十五年（一九二六）に羅須地人協会を設立し、その設立宣言書として『農民芸術概論綱要』を作成する。先にも引用したように、その「序論……われらはいっしょにこれから何を論ずるか……」の中で、この羅須地人協会では、「近代科学の実証と求道者たちの実験とわれらの直観の一致に於て論じ」つつ、世界全体の幸福を追求し、「世界が一の意識になり生物となる方向」に「求道」的に自我意識の宇宙進化を目指し、「銀河系を自らの中に意識してこれに応じて行く」ことが謳われている。一九二六年設立当時、このマニフェストを真に理解した人がどれくらいいただろうか？　ほとんど皆無であったと思われる。だがもし「銀河系を自らの中に意識して」生きている宮沢賢治がルドルフ・シュタイナーの教育論や『アーカーシャ年代記』を知ったとしたら、大いに共感した可能性はある。

鳥山敏子は、この生前に出逢うことのなかった二人の同時代人であるルドルフ・シュタイナーと宮沢賢治を「命の核」において刺し貫き、「生命がのびていきたがっている方向」をつなげたのである。その鳥山の「本能」とも「魂能」ともいえる「いのちのコンパス」にわたしは絶大なる信を置く。

第四節　坂本清治の久高島留学センターの教育実践と大重潤一郎の『久高オデッセイ』三部作

鳥山敏子の影響を受けながら、独自の学校教育に取り組んだのが坂本清治である。

坂本清治は一九六〇年に神奈川県横浜に生まれた。食糧問題に関心を持ち、琉球大学農学部に進学。大学四年の時、一年間休学して、鹿児島県から山形県までの全国の農山村を見て回り、各地の研究者や行政の担当者から話を聞いたり、農家に住み込んで働いたりした。宮崎県児湯郡木城町では、武者小路実篤が開いた「新しき村」にしばらく滞在もした。一時は大学中退も考えていたが、沖縄に戻って、「帰農論――疎外の克服のために」と題する論文を書き、大学を卒業した。卒業後も、有機農業や創造的な活動をしている教育施設への関心と経験を深め、鳥山敏子の設立した「賢治の学校」に関わってゆく一方で、学習塾を営んでいたが、長年温めてきた「久高島留学センター」を二〇〇一年に設立し、代表に就任した。

この前年、久高中学校は在校生二名のみとなり、廃校の危機に陥っていた。坂本は全国から生徒を募集し、廃校寸前の久高中学校に十四名の留学生を連れてきて「久高島留学センター」を立ち上げたのである。久高中学校の存続はこの坂本清治が創設した「久高島留学センター」なしにはありえなかった。坂本はその後一時期、ＮＰＯ法人久高島振興会の副理事長も務めたが、二〇一四年三月末に久高島を去った。

「久高島留学センター」は離島型の山村留学機関である。主に中学生を受け入れ対象にしているが、少数ながら小学生も受け入れている。全国各地から久高島に留学してきた子どもたちは、センター長の坂本清治の指導の下、共同生活を営みながら島の自然に触れ、漁やカヌーやシュノーケリングなどの海の活動、畑での野菜作り、三線・笛・太鼓・歌など沖縄の伝統芸能の習得、清掃や祭りなど地域の活動に参加しながら、久高小中学校に通い、勉学に、部活動に励むのだ。島の中で規律正しい共同生活を営みながら、伝統的な人生儀礼や通過儀礼も経験し、子どもたち個々人が直面している課題に向き合い、地域の祭祀や行事などの協働作業にも参加し、地球規模で取り組まなければならない現代世界の課題にも目を向け、それに立ち向かっていける人材の育成を模索している。

坂本清治は、「〝核〟と〝輪郭〟をつくる」と題するインタビュー記事の中で次のように述べている（http://www.bookclubkai.jp/interview/contents/0075.html）。「久高島留学センターは二〇〇一年にオープンしましたが、当初はここに来る子の八五パーセントから九〇パーセントが不登校の経験者でした。いまは三割くらいに減っています。おっしゃるようにこの島ならではの素晴らしい環境を求めてくる子もいますが、そんな子も不登校の経験のある子も、それぞれが課題を持っていて、不登校そのものは全く問題ではないと思っています。ここに来るきっかけはさまざまですが、たとえ親御さんが熱心に勧めても、最終的には本人が『ここでがんばります』と言わない限り、受け入れはしません。しかし、今まで不登校で悩んでいた子ども達のほとんどが、ここへ来ると見違えるように生き生きしたり、農作業をがんばって地域のおばあちゃんたちからも可愛がられるようになります。その意味では、引きこもりタイプの子は結構大丈夫ですし、面白いですね。むしろ難しいのは、非常に粗暴な振る舞いをする子や、常に友達と群れたり、みんなの注目を浴びていないと気が済まない、つまり一人でいることができないような子です」と。

この「久高島留学センター」の活動を記録したのが奥野修司『不登校児　再生の島』（文藝春秋、二〇一二年）である。ここには、日本の全国各地から集まってきた中学生たちが共同生活をしながら、島の人々と交流し人間として変化し成長していく姿が生き生きと描かれている。

前掲坂本のインタビューで述べられていたように、当初、「久高島留学センター」にやってくる子どもたちのほとんどが不登校児であった。が、その九割以上の子どもたちが、ここでの生活の中で大きく変化し成長し再生した。

久高島は「神の島」と呼ばれてきた沖縄本島西南部の小さな離島であるが、この島にはコンビニもスーパーもない。本屋もゲームセンターもない。子どもたちはテレビやゲームから距離を置き、自然と地域の中に一個の「いのち」として身を置くことになる。そしてそこで、バーチャルなゲーム的世界ではなく、身体的な痛みと歓びを伴う身体知的現実世界に生きることになる。久高島ならではの追い込み漁体験や飛び込み（オリンピック競技の高飛び込みなどとは全く異なる）、また島の年中行事の祭祀や久高大運動会での島内三〇〇〇メートル走への参加など、日常生活も食生活も劇的に変わる。ジャンクフードを食べる暇も機会もなく、魚と野菜中心の食事に変わる。食が変わると体形も変わる。（2）沖縄大学元学長の加藤彰彦は、この「久高島留学センター」を「現代版若衆組」と呼んでいる。

現在の「久高島留学センター」のＨＰには、次のように久高島と留学センターが紹介されている。

「久高島は、珊瑚礁に囲まれた美しい海と恵まれた自然環境を有し、古くから琉球の始祖アマミキヨが降臨し、五穀を初めて伝えたという「神の島」として崇拝を集め、こころのふるさととして親しまれている所です。／この独特の風土、自然に育てられた久高島に留学生を受け入れ、かつて子ども達が大人に成長する過程で課せられた体験や人生の節目節目に通過する儀式（イニシエーション）などを経験する中で、子ども達が学び成長していくことを望んでいます。／また、地域伝統文化学習や自然環境学習を島ぐるみで行うことにより、学校児童生徒の確保、コミュニティ活動の充実、地域住民の連帯意識の高揚、他地域との交流活動、観光の推進、地域の経済振興などが図られ、地域の活性化に大きく寄与することを目指しています。」

この久高島は、人口二〇〇名ほどの小さな島で、琉球王朝時代から「神の島」として東方ニラーハラー（ニライカナイ）と呼ばれる他界信仰を保持してきた。そこでは十二年に一度、午年に神女《カミンチュ》になるための儀式「イザイホー」が行なわれてきたが、一九七八年以降、後継者難によりその伝統も途絶えている。二〇一五年一月五日は旧暦午年十一月十五日のイザイホー開催の日に当たったが、伝統的なイザイホーの祭りは行なわれなかった。

が、久高島の聖所である久高殿・神アシャギで切実かつ痛切な祈りが捧げられたことを、大重潤一郎監督のドキュメンタリー映画『久高オデッセイ第三部　風章』（二〇一五年製作）は記録している。

折口信夫は、一九二三年（大正十二年）に書いた「琉球の宗教」の「二、遥拝所―おとほし」の中で次のように書いている。「琉球の神道の根本の観念は、遥拝と言ふところにある。至上人の居る楽土を遥拝する思想が、人に移り香炉に移つて、今も行はれて居る。／御嶽拝所は其出発点に於て、やはり遥拝の思想から出てゐる事が考へられる。海岸或は、島の村々では、其村から離れた海上の小島をば、神の居る処として遥拝する。最有名なのは、島尻に於ける久高島、国頭に於ける今帰仁のおとほしであるが、此類は、数へきれない程ある。私は此形が、おとほしの最古いものであらうと考へる」と。

この「お通し」が行なわれる最高至貴の聖地が世界遺産に指定されている斎場御嶽で、その斎場御嶽のサンゴ石灰岩の断層が造形した見事な神秘空間である「三庫理」が「神の島」と呼ばれてきた久高島を「お通し」する遥拝所である。

大重潤一郎は、一九四六年に鹿児島県南端の港町の坊津に海の一族の末裔に生れた。生涯海を愛し、海のエロスに感応しながら、「海人《ウミンチュ》」として享年六十九歳の生をまっとうした。岩波映画で学び、一九七〇年に風変わりな劇映画『黒神』でデビュー。その独創的な作品は黒木和雄監督に「十年早い傑作」と称されたが、まったく大衆受けすることはなかった。このデビュー作『黒神』から、「大阪のチベット」と呼ばれた能勢町のミサイル基地建設の反対運動を記録した『能勢～能勢ナイキ反対住民連絡会議』（一九七二年）などを経て、『水の心』（一九九一年）、『風の島』（一九九六年）、『小川プロ訪問記』（二〇〇一年）など、次々に自然と人間と文明との葛藤と調和への希求を描く記録映画を発表し続けた。

二〇一一年の東日本大震災後、その『黒神』の真価が評価され始め、自然派である大重映画の徹底した表現と訴求力が、若者や未来の生き方転換を模索する人たちに拡がり始めた。大重は遺作となった『久高オデッセイ第三部　風章』まで、一貫して大自然の中で慎ましくも逞しくけなげに生き抜いていくいのちの輝きと、祈りと祭りとエロスを描いてきた。「気配の魔術師」大重潤一郎の映像のエロティシズムは澄明で永遠性を感じさせるリリシズムを横溢させている。「久高オデッセイ」という名称が物語るように、大重は「オデッセイ」という叙事詩を謳う吟遊詩人であり、映像の詩人であった。

その映像詩は、一九九五年の阪神大震災の経験で深められた。大阪に事務所を構えていた大重は震災後家族の住む神戸の自宅に向かって歩いた。高速道路がへし折れ、ビルも民家も倒壊し粉塵が上がり、無秩序な瓦解した黙示録的な終末世界のような光景が広がっていた。

その信じ難い廃墟の破局的光景の中でも、アスファルトからタンポポが芽を吹き出すいのちのいとなみがあった。大重は猛然と『光りの島』（一九九五年製作）の編集に取りかかり完成させる。このアスファルトの地面の下には縄文時代から続いているいのちが埋蔵されている。大重の野生の感覚はそのことを見逃さなかった。そのいのちを取り戻す！

「光りの島」は廃墟となった神戸とポジとネガの関係にあり、大重の死生観が表出されている。沖縄の無人島（新城島《アラグスク》）の島の光と風に晒され、見えないモノを視、聴こえない声を聴き、「いのちの帰趨」に触れて、その根源に響く「母の声」を聴く。母は死の間際に「死んだらなんにもならん」とつぶやいた。

島を訪れてきた主人公（独演：上條恒彦）はその「死んだらなんにもならん」という母の言葉を反芻し、問いかける。そして終に、次のような「いのち」観に到達する。

「母さん、そうじゃなかったでしょう。『死んだらなんにもならん』なんて。死んでも生きているでしょう。生きる姿は変わってしまっているけれど。しかし、母さんがどうしているか分かって良かった。母さんよかったね。」

大重潤一郎の遺作となった『久高オデッセイ第三部　風章』においても、自然といのちの循環が言葉ではなく映像で悠久の時間を紡ぐように示されているが、この『光りの島』の中でも同様に主人公は次のように語る。

「この島の自然に始まりも終わりもない。くりかえしがあるだけじゃないか。地球は生命のゆりかごであるという。しかしそれは生み出すだけではない。死をもひきとっている。そして眼には見えない、耳には聞こえないちがう次元へ導き、計り知れないいのちを生かしている。生も死も全てを包み込んで大きなうねりをくりかえしている。」

「全てが生きている。祖先やさまざまな霊たちが石の像《かたち》を借りて唄っている。」

ここには鳥山敏子が追求してきた素のままの「いのちのすがた」がある。

大重は処女作『黒神』以降、ワンパターンのように、自然といのちの偉大さとそれへの畏怖・畏敬と、その息吹に浸されて謙虚にかつ懸命に人々が生きていく姿を描き続けてきた。東日本大震災後、そんな大重映画が別の形で甦った。いのちといぶきといのりの覚醒の中で。「霊性的な自覚」を映像で示す作品群として。

大重は、坂本清治が「久高島留学センター」の設立準備をしていた二〇〇〇年に、『縄文』（福井県三方町縄文博物館常設展示映像）と、久高島に通い続けたカメラマンで民俗学者の比嘉康雄の遺言を記録した『原郷ニライカナイへ——比嘉康雄の魂』を製作した。続けて、二〇〇一年には『ビッグマウンテンへの道』（ナレーション：山尾三省）を製作し、これらを「古層三部作」と名付けた。その後、二〇〇一年に大重は沖縄に移住し、故比嘉康雄の遺志を受け継ぎながら久高島と那覇市に住み着いて、『久高オデッセイ第一部　結章《ゆいしょう》』の製作に取りかかった。

が、二〇〇四年十月に脳内出血で倒れ、再起不能の状態にまで追い込まれながらも、激痛に耐えつつ、半身不随の体に鞭打ち、二〇〇六年に『久高オデッセイ第一部　結章』を完成させ、さらに二〇〇九年に『久高オデッセイ第二部　生章《せい》』を、二〇一五年六月には『久高オデッセイ第三部　風章《ふう》』を完成させ、同年六月二十一日に久高島で初上映会を開き、七月五日に東京両国の劇場シアターXで島外初上映会を開催した。

長篇記録映画『久高オデッセイ』三部作は、「神の島」と呼ばれてきた久高島の祭祀＝祈りと生活＝暮らし（漁労・農耕など）を、島の自然風土の中で繊細・丁寧にドキュメントするものである。この久高島を十二年間にわたって記録する『久高オデッセイ』三部作は、大重映画の到達点であり集大成であり、前人未踏の「沖縄文化論」である。

『久高オデッセイ第一部　結章』は、二〇〇二年から二〇〇六年まで撮影された映像を元に、二〇〇六年、国際宗教史宗教学会の学術大会において初上映された。久高島の祭祀と生活、日常（ケ）と非日常（ハレ）の両方を追いかけながら、島の年中行事の記録とともに、特に男性漁労祭祀の中心人物であった「ソールイガナシー」と呼ばれる男性の最高神役福治友行の退任を記録している点で特色がある。

続く『久高オデッセイ第二部　生章』は、二〇〇六年から二〇〇八年まで撮影された映像を元に、二〇〇八年六月に東京大学理学部小柴ホールで行なわれた東京自由大学設立十周年記念特別行事「地球温暖化防止シンポジウム：地球温暖化―宇宙からの視点」で初上映された。この第二部の特色は、「ハッシャ（法者）」と呼ばれる島の男性役職が定まり（ハッシャ代行の一人は第三部の副主人公的な内間豊）、「イラブー漁」と「イラブ燻製」が始まったことと、イザイホーによって「神女《カミンチュ》」となった女性神役三人の定年（七〇歳）による退任儀式「フバワク」が行なわれたことの記録である。

遺作となった『久高オデッセイ第三部　風章』は、二〇一二年から二〇一五年一月まで撮影された。この第三部では、内間豊（第二部の法者《ハッシャ》代行）・映子の長女内間菜保子の誕生と、西銘亜希という「ファーガナシー」の魂を受け継ぐとされる若い「神女」の誕生が描かれている。二人の若い女性のいのちがどのように島の未来を変え、つなぐ力になるか、希望と期待と光明とともに映画は閉じられる。また、久高島を訪れた船上生活を営む谷龍一郎一家の暮らしぶり、ライフスタイルについての映像も、この『久高島オデッセイ』三部作という「海の映画」の核心を衝いている。

とりわけ第三部では、歌うような、あやすような、癒すような、せつないチェロの響きが奏でられ、荒れ狂う白馬の台風や無限を感じさせる朝日やノスタルジーと悲しみを湛えた夕日や島の子どもたちや神女たちや海人たちの日常が描かれる。その島のさまざまなるいのち。この映像が伝えているのは一貫して、「いのちのすごさ・とうとさ・ゆたかさ・おもしろさ」である。台風と海亀の産卵と植物や花のシーンがそれを証している。

この作品の最後に大重は自らナレーターとなって次のように語る。

「地下水脈がわき出るような歌声であった。祭りは途絶えているが、祭りの命は息づいている。祭りは人間が生きている限り行われる。生きていることの証しが祭りである。やがて、違った形で復活するだろう。十二年間待っていた島の姿を確認した。

東の海の向こうには、ニライカナイがあると言われている。しかし、この島こそが、この地球こそが楽園ニライカナイではないか。地球の七割が海である。陸地が海によって、繋がっている。海に育まれている久高島は、姿を変えながらも、脈々と命を紡いでいた。」

第三部冒頭では、坂本清治が「久高島留学センター」の子どもたちを含む久高中学校の生徒を指導しながら追い込み漁をする場面が描かれている。坂本清治の貴重で未来的な教育実践は、『久高オデッセイ』三部作の中にしかと刻み込まれている。

『久高オデッセイ第一部　結章』の中に海亀が出てくる。その海亀はイノー（礁地）の中で海に戻れずどうしていいかわからず戸惑っているように見えた。そして遺作『久高オデッセイ第三部風章』の最後に出てくる海亀は涙を流しながら産卵を終え、後ろ足で盛砂を固め、わが子である卵を保護して堂々と久高島の東の浜を後にした。

大重潤一郎はこの海亀のように『久高オデッセイ』三部作を産卵し、堂々と彼の好きな海に還っていった。鳥山敏子の教育実践や著作がそうであったように、大重の魂は、この映画の中に、彼の映画人生の全作品の中に一つ一つの卵＝魂子として生き続け、後続する者に新鮮ないのちの水と風と空気を惜しげもなく絶やすことなく与え続けているのである。

第五節　東京自由大学の教育実践

大重潤一郎は二〇〇二年に設立したＮＰＯ法人沖縄映像文化研究所の理事長であったが、同時にわたしが理事長を務めるＮＰＯ法人東京自由大学の副理事長も務めた。わたしは宮沢賢治とルドルフ・シュタイナーと大本の出口王仁三郎を先達モデルの指標として、一九九八年に「東京自由大学」を設立した。

一九九八年、わたしは大重潤一郎とともに阪神大震災後の鎮魂イベント「神戸からの祈り」に取り組んでいた。[(3)] ちょうどその渦中の五月から同時並行してわたしたちは「東京自由大学」の設立準備を始めたのである。映画監督の大重潤一郎のほか、ギャラリーいそがやの代表の長尾喜和子、画家の横尾龍彦、香禅気香道の福澤喜子、早稲田大学教授の池田雅之、西荻ＷＥＮＺスタジオ代表の平方成治、わたしの七人で設立についての話し合いの機会を持ち、設立趣旨、理念、姿勢、方向性、方法、組織、運営などについて意見交換し、そこでの合意をもとに、横尾龍彦を学長に推挙し、新たに作家の宮内勝典、山形大学教授の原田憲一、陶芸家の川村紗智子の十人を設立発起人とし、さらに賛同者二十二名と意見交換会を持ち、ＮＰＯ法にのっとって非営利組織として活動していくことを確認し、新しい市民運動としての学校づくりをみんなが参加して行っていこうと話し合った。これらの話し合いを持つ前の一九九八年十一月二十五日に、わたしは「東京自由大学設立趣旨」を次のように書いた。

二十一世紀の最大の課題は、いかにして一人一人の個人が深く豊かな知性と感性と愛をもつ心身を自己形成していくかにある。教育がその機能を果たすべきであるが、さまざまな縛りと問題と限界を抱えている既存の学校教育の中ではその課題達成はきわめて困難である。そこで私たちは、私たち自身を、みずから自由で豊かで深い知性と感性と愛をもつ心身に自己形成してゆくための機会を創りたいと思う。まったく任意の、自由な探求と創造の喜びに満ちた「自由大学」をその機会と場として提供したいと思う。

私たちは、特定の宗教に立脚するものではないが、しかし、宗教本来の精神と役割は大変重要であると考えている。それは、それぞれの歴史的伝統と探求と経験から汲み上げてきた叡知にもとづいて、人間相互の友愛と幸福と世界平和の希求と現実に寄与するものと考えられるからである。私たちはそれぞれの宗教・宗派を超えた、「超宗教」の立場で宗教的伝統とその使命を大切にしたいと願う。そして、人格の根幹をなす霊性の探求と、どこまでも真なるものを究めずにはいない知性と、繊細さや微妙さを鋭く感知する想像力や感性とのより高次な総合とバランスを実現したいと願う。

そのためにも、何よりも自由な探求と表現の場が必要である。自由な探求と表現にもとづく交流の場が必要である。

そして、その探求と表現と交流を支えていくための友愛が必要である。探求する者同士の友愛の共同体が必要である。私たちが生活を営んでいるこの大都市・東京のただ中に、魂のオアシスとしての友愛の共同体が必要なのである。

かくして私たちは、この時代を生きる自由な魂の純粋な欲求として「東京自由大学」の設立をここに発願するものである。

「東京自由大学」では、「教育とは本質的に自己教育であり、自己教育は存在への畏怖・畏敬から始まる。教師とは、経験を積んだ自己教育者であり、それぞれを深い自己教育に導いてくれる先達である」という認識から出発する。そして、(一)ゼロから始まる、いつもゼロに立ち返る、(二)創造の根源に立ち向かう、(三)系統立った方法論に依拠しない、いつも臨機応変の方法論なき方法で立ち向かう、をモットーに、勇気をもって前進していきたい。組織形態、運動体としてはNPO(非営利組織)法下のボランタリー・スクール法人として運営および活動をしていきたいと準備している。

また地震など、災害・事件時のボランティア的な互助組織として機能できるように行動したい。自由・友愛・信頼・連帯・互助を旗印に進んでいきたい。みなさんのご参加を心待ちにしています。

一九九八年十一月二十五日　　鎌田東二

こうして、設立以来、十八年の活動を、荻窪、西早稲田、神田と場所を変えながら、継続してきた。現在は、学長を海野和三郎（東京大学名誉教授、天文学者、九十一歳）、理事長を鎌田東二が務め、二十名ほどの運営委員が中心となり活動している。

この東京自由大学のカリキュラムについては、わたしたちは設立当初、五つの柱を立てた。①日本を知るコース：わたしたちはどこからきたか？　歴史の認識、②社会を知るコース：わたしたちはどうしているか？　世界の洞察、③宇宙を知るコース：わたしたちはどこにいるのか？自然の叡知、④芸術・創造コース：わたしたちはなにができるか？　創造の秘密、⑤身体の探求コース：わたしたちはなぜうごくのか？　身体の発見。

この五つのコースは、その後、①人類の知の遺産、②二一世紀世界地図、③アートシーン21、④震災解読事典、⑤現代霊性学講座、⑥ボディワーク、⑦三省祭り、⑧大重潤一郎監督上映会、⑨島薗進ゼミ、⑩自由ゼミ、⑪世直し講座などとして継承展開されている。これまでNPO法人東京自由大学で行なった講座などの一端は、『著名人が語る〈知の最前線〉』全八巻（中沢新一、姜尚中、木田元他、リブリオ出版、二〇〇七年）、井上ウィマラ・藤田一照・西川隆範・鎌田東二『宗教は世界を救うか』（地湧社、二〇一二年）、鎌田東二『古事記ワンダーランド』（角川選書、角川学芸出版、二〇一二年）などとして刊行されている。

東京自由大学は、地震や災害やさまざまな事件などが起こったときに、お互いに見も知らない者同士でも助け合い、支えあっていくことのできるような互助組織でありたいと願って設立された。人があらゆる垣根を取り払って互いに助け合い、支えあっていけることを、阪神淡路大震災がわたしたちに教えてくれたことが設立基盤となっている。このような方向性で、東日本大震災後の東北被災地を巡り地元の方々と交流したり、日本全国のみならず、海外の地域の方々とも交流していくような合宿を実施している。

この時代にそれぞれ一人一人が内なる創造力を発揮することができたならば、人間も社会も深化と成熟を遂げることができると信じ、夢を現実に実現していく共同の作業場として活動を継続しつつ、二十代・三十代・四十代の次の世代にバトンタッチしていく準備をしている。

東京自由大学は、それぞれが一隻の船に乗って、知と天然の大海に航海していくような、塾でもあり、大学でもあり、結社でもあるような、冒険的な移動漂流教室を共に創造していくことを目指してきた。そしてその探究がこの時代の志を同じくする人たちとの友愛の共同体を、力強くかたちづくっていくことを願いつつ活動してきた。

友愛を共同化していくためには、世代間の連携が必須になる。設立発起人十名のうち、七十歳代が二人、六十歳代が一人、五十歳代が五人、四十歳代が一人、三十歳代が一人、と世代的ばらつきがあった。まさしく老若男女の共同作業を行なってきたといえる。これからも宮沢賢治やルドルフ・シュタイナーや出口王仁三郎や鳥山敏子や坂本清治や大重潤一郎たちの実践に呼応しながら、自分自身と自分の属する社会を自分たちの手で成熟進化させていきたいと念じている。

大重潤一郎はこの東京自由大学の活動を伴走しながら『久高オデッセイ』三部作を完成した。二〇〇四年に脳内出血で倒れ、肝臓癌で十七回もの手術をしながら、文字通り命懸けで、いのちを削って完成させたのがこの三部作である。大重のNPO法人沖縄映像文化研究所（現在は任意団体）の活動とＮＰＯ法人東京自由大学の活動は兄弟姉妹の深く親密な間柄で、互いに切磋琢磨し協力し合いながら一歩一歩進んできた。その意味で、大重の映画『久高オデッセイ』三部作は、「沖縄自由大学」ともいえる「沖縄映像文化研究所」のオオシゲ・スクール、オオシゲ・コミュニティ、オオシゲ・ファミリー、大重組の特産品でありながら、東京自由大学の精神性・霊性の具体的な発露でもあった。

その大重の真骨頂は、何よりも、空気の描写であり、風の描写である。海の描写であり、花の、植物の描写である。大重映画の中ではいつも主人公は自然である。その自然の中に慎ましくけなげに、しかし逞しく生きている人間がいる。それこそが「いのち」である。大重は、処女作『黒神』（一九七〇年製作）以来、一貫して自然への畏怖・畏敬といのちの豊かさとかけがえのなさを訴えてきた。道徳的なメッセージとしてではなく、自然との感応道交ムービー、モノのあわれとして。

そして、大重潤一郎の死去に続いて、二〇一五年八月三十一日にＮＰＯ法人東京自由大学前運営委員長で『久高オデッセイ第三部　風章』事務局長の岡野恵美子が七十歳で急死し、十一月二十三日に初代学長横尾龍彦画伯が癌のため八十七歳でこの世を去った。

横尾龍彦は一九二八年、福岡県に生まれた。母は神仏習合系の霊能力者だった。その母が「これからは芸術だ」と言ったこともあって、横尾は、戦後、東京芸術大学日本画科に入学した。が、実存哲学に魅せられ、ニヒリズムやデカダンを気取り、道を失った。

しかし、その後、東京芸術大学を卒業して、キリスト教プロテスタント系の神学校に入ったが、二年で退学。カトリックに改宗し、北九州市戸畑区の明治学園の美術教師となるも、このままでは画家として一生世に出られないと決意して上京した。

一九七五年には、高橋巖の主宰するルドルフ・シュタイナー研究会のセミナーに参加し、その後一九七八年からは鎌倉三雲禅堂の山田耕雲老師に師事し熱心に接心。独参を続け、「見性《けんしょう》」した。そして一九八五年にケルン郊外に移住し、やがてベルリンに拠点を移してベルリンと秩父にアトリエを設け東西を往来することになる。

横尾龍彦は、NPO法人東京自由大学のウェブマガジン「EFG第2号」に次のように記している。

「神は無であるとマイスター・エックハルトは言っています。無は肉眼や意識では捉えることの出来ない叡智とエネルギーのことで、神仏の世界は一つです。／神は言表不能な根源的存在で、私の無意識深く私の自我の中心に存在します。坐禅によって無を極めれば私達は宇宙の根源に触れて開眼します。それが悟り体験です。」

「人間的努力だけでこの自己を超越できません。エックハルトが言う『己を失えば失う程に神がそこに来て充たす』と、道元の『仏道を習うというは自己を習うなり、自己を習うと云うは、自己を忘るるなり』に自己を超えていく秘密があります。」

「私は生涯美を求めて彷徨いながら神に出会いました。／人格の完成を求めても、内なる人が聖霊に満たされて変容しなければ道徳と偽善性に縛られて自由を失います。理想の人間像は柔らかく砕けた自由人です。／その自由は目に見えない存在との交流によって齎されるのです。／人の思惑や、社会のために生きるのではなく、内面の声に従うのです。他人からは見えませんし、人からは理解されませんが、神様に知られているのです。人を対象にすると誤解されたり、無視されて傷つくことも多いのですが、霊としての偉大な愛である存在と対話していると、孤独ではありません。そこでは静かな平和が心の中から絶えず湧出してきます。／人生は短いです。人に知られなくとも本来の真人を実現したいものです。」

「その時、自己の本質が私と一つになる深い体験がありました。それは言語では説明できない全身全霊の納得でした。只、涙、涙、深い安堵感と凡てを放棄した限りない自由がそこにはありました。その様な精神状況は一週間程続きました。本来の自己の実現です。／これらの体験はすべて独参室で（山田耕雲）老師に報告されましたが、見性が許されたのは一年後のことでした。」

わたしが横尾龍彦と初めて会ったのは、一九八三年頃だった。三十年以上前のことだ。横浜の高島屋で個展をしているのを見に行った。そして個展会場に入った途端、目に飛び込んできた絵があった。わたしはその瞬間、「この絵と縁がある！」と思った。その絵がいいか、悪いか、好きか、嫌いか、ではない。ただただ、「縁がある」と思ったのだった。

そして、わたしは生まれて初めて絵を買った。「枯木龍吟」という絵だった。初めて絵を買うわたしを気遣って、横尾が絵を割引してくれ、そして自ら届けてくれた。それを横尾がわが家のマンションの壁面に掛け終わった途端、三歳になるかならないかの息子が、突然、「とうちゃん、こんな絵を買ったら、ウチがビンボーになるよ！」と言った。これにはみな仰天した。恐縮至極の息子の発言に、横尾は笑いながら、「そうかもしれんねえ〜」と余裕綽々であった。苦笑いをしていたが、わたしは幸せだった。「ビンボー」ではなく、間違いなく、わが家に「たましい」が入り、「こころゆたか」になったから。具合の悪い時、わたしはその「枯木龍吟」の絵の下で眠って、元気を得た。

わたしが横尾について書いた文章が二つある。一つは、『翁童のコスモロジー——翁童論Ⅳ』（新曜社、二〇〇〇年）に収めた「風と珠《たま》の人・横尾龍彦」。もう一つは、『神道のスピリチュアリティ』（作品社、二〇〇六年）に収めた「宇宙的協奏としての横尾龍彦の瞑想絵画」である。前者のエッセイでわたしは横尾を、その前半生は球を、後半生は風を主題にして描き続けた「霊性の画家」と位置づけ、彼が生涯に得た三度の神秘体験について詳述した。十代の少年の頃のある夜、部屋の中に白金色に光り輝く「球」の出現を見た「光体出現」の神秘体験と、二十五歳の時に訪れた「天地合体」の神秘体験と、五十代に禅の瞑想中に得た「光体成仏（光体消滅）」の神秘体験の三度である。このエッセイの初出は横尾龍彦の画集『横尾龍彦　一九八〇—一九九八』（春秋社、一九九八年）だった。横尾龍彦は、「シュールリアリスティックでデモーニッシュ（デモーニック）な幻想画家から、禅の見性体験を経て、自我で書く絵を捨てて、『風が描く・水が描く』画家」になった。わたしは、ドイツ・ベルリンでの展覧会、例えば、ルードヴィッヒ・ランゲのギャラリーでの個展や、シャーロッテンブルグ宮殿での個展や、ベルリンのソニーセンターでの個展や、スロバキアの首都ブラチスラヴァやタイや北九州市鶴美術館の個展での絵画パフォーマンスで、横尾の瞑想描画パフォーマンスを楽の演奏（石笛・横笛・法螺貝など）で支えた。

横尾龍彦の訃報を聞いて、わたしは「美と霊性の行者」横尾龍彦画伯に捧げる三首の歌を作った。

君ははや　天上巡る　龍となり　日の本宇宙の　魂描き逝く
美の行者　横の尾の上人　龍彦と　受肉せし身を　脱ぎて還らむ
はろばろと　伯林秩父を　翔け巡り　天空上人　龍の眼の人

横尾は子どもの頃、毎朝神前の水を取り替え、供え物をし、朝拝の準備を整え、母とともに礼拝するのを日課とした。少年の頃のある夜、横尾は部屋の中に白金色に光り輝く球の出現を目撃する。この龍彦少年の「玉」の透視こそ、「霊性の画家」横尾龍彦の生涯を貫く創造の原点であった。先に述べたように、この少年期の光体出現と二十五歳の時の天地合体体験と五十代の禅見性体験による光体消滅の三つの神秘体験が、横尾の生涯の画期をなす体験であった。横尾の画業は、二十代からの神秘的な球体・光体を描き続けた時期と、五十代の見性体験によってそれが消えてただただ風やプネウマ的霊気の流動をのみ描く時期の二期に大きく分けられる。

瞑想画家として横尾が繰り返し言ったのは、「私が描くのではない、水が描く、風が描く、土が描く」ということであった。その横尾の画法は、「龍彦」という名の通り、「龍画」そのものだ。龍が風に乗って空を翔け、また水の中を自在に潜り巡る、波動の流れと一体となる「流画」。気息やヴァイブレーションの流動に身をゆだね、分子の波動が微細に変化し変容していくことを映し出す、気配と霊性の錬金術師・横尾龍彦。

その画法には、聖霊やプネウマの風が吹き渡っている。高次元界からの魂風が。それは、神秘不可思議なそよぎでもあり、同時に、大変明晰な合理と直観が一如となった流動でもある。目に見えない世界からの風のメッセージ。

霊性の画家・横尾龍彦は「風と球の画家」であった。横尾の画業の前半生は球を、そして後半生は風を主題に自在に表現し生きた。ＮＰＯ法人東京自由大学はその横尾龍彦や大重潤一郎の「創造的霊性」を受肉している。

かつて孔子は、「七十にして心の欲する所に従へども矩《のり》を踰《こ》えず」と自分の辿って来た道を振り返った。七十二歳であちらに渡った鳥山敏子や岡野恵美子や六十九歳で海の向こうに旅立った大重潤一郎や八十七歳で天に召された横尾龍彦はどうであったか？

「世直し」と「教育」と「霊性」の問題を考える時、常にわが身の軌跡と実践事例とともにしかそれを捉えることができない。そののっぴきならない「当事者」性こそが「臨床教育学」的な「霊性的自覚」にほかならない。そのことを痛みと感謝とともに感受する。そして、「楽しい世直し」は「楽しく面白く有難い教育」の中に実現する。

(1) 韓中日国際シンポジウム『生命と平和、治癒と霊性から見た退渓学』論文集(嶺南退渓学研究院・陶山ソンビ文化修練院発行、二〇一五年十二月)所収の韓国圓光大学・趙晟桓・張知暎の「退渓学における心と生命の出会い――『心経附注』と『活人心方』を中心にして」に拠る。

(2) 現地講師として坂本清治や大重潤一郎の力を借りながら、久高島をフィールドとして行なったわたし自身の教育実践として、次の三つがある。一つは、京都造形芸術大学通信教育部の授業「環境文化論」を二泊三日で二〇〇四年から二〇〇七年まで四年間行なったこと。二つ目は、二〇一二年から二〇一五年まで四年間、京都大学のポケゼミ「沖縄・久高島研究」の授業の最後の仕上げとして、四泊五日で「久高島大運動会」の参加を前提として久高島合宿を行なったこと。後者は、東日本大震災が起って、文明や社会のあり方、そこでの人間の生き方や学問的探究のあり方などを深く問いかけ、再構築していく必要があると感じていたところからの突破口として始まった。わたしは京都大学の中でも非常に小規模なこころの未来研究センターという研究機関に勤めていて、教育学研究科の大学院での「臨床教育学演習」などの授業があり、大学院生と議論する場はあったものの、学部生、とりわけ一回生と接する機会は分担授業「こころの科学入門」「宇宙総合学」など以外にはほとんどなかった。そこで、フレッシュパーソンにぜひ「沖縄・久高島」の存在を通して、民俗学や宗教学や地域研究などフィールドワーク系の研究の面白さや醍醐味を経験してもらいたいと、ポケゼミ「沖縄・久高島研究」を始めた。最初から「沖縄・久高島研究」と地域限定しているので、それなりの意識と関心を持つ学生が集まり、一班三~四名の編成にして、途中で二度のミニフィールドワーク体験(五月の葵祭と七月の祇園祭)や、フィールドワーク報告会（祇園祭フィールドワーク報告会）をするので、学生相互に交流も生まれた。一回生の時期にこのような少人数ゼミで親しく交わる経験を持つことは、「志学」の年齢を三年ほど過ぎた十八歳前後の若者の人間的・人格的「開かれ」には必要な回路であると思っている。三つ目は、NPO法人東京自由大学の夏合宿で、二〇〇三年と二〇一五年に沖縄・久高島夏合宿を行なったことである。

（3）一九九五年、阪神淡路大震災が起こった時、大重潤一郎の住まいは兵庫県神戸市中央区北野にあった。この阪神淡路大震災と一九九七年に起きた神戸での連続児童殺傷事件が引き金となって、一九九八年の「神戸からの祈り」の鎮魂イベントにつながっている。二〇一五年は、一月十七日に起きた阪神大震災からも、三月二十日に起きた地下鉄サリン事件（オウム真理教事件）から二十年、終戦（敗戦）から七十年という大きな節目の年でもあった。一九九五年、二つの大きな出来事や事件の後、わたしはそれに対する応答として『宗教と霊性』（角川選書）を上梓した。その二年後の一九九七年六月末に、「酒鬼薔薇聖斗」を名乗る少年Aが連続児童殺傷事件の容疑者として逮捕された。地下鉄サリン事件、オウム真理教事件から二年余が過ぎていた。この「酒鬼薔薇事件」を教育学者の竹内常一同様、わたしは「子どもの中のオウム事件」と捉え、オウム真理教事件と酒鬼薔薇事件を結びつけながら考察した『呪殺・魔境論』（集英社、二〇〇四年、二〇一三年に『「呪い」を解く』と改題して文春文庫より再版）を七年かけて世に問うた。そしてさらに深くこの問題に向き合わねばならないと思う気持ちから、科学研究費補助金を申請し、二〇一一年度から二〇一四年度までの四年間、「身心変容技法の比較宗教学——心と体とモノをつなぐワザの総合的研究」（基盤研究A）を申請し、研究活動を推進し、その成果を、「身心変容技法研究会」のHP（http://waza-sophia.la.coocan.jp/）や研究年報『身心変容技法研究』第一号〜第四号

（二〇一二年三月より二〇一五年三月まで、毎年三月末に刊行。通算四号）として社会発信している。そして、二〇一五年四月から新採択された科研「身心変容技法と霊的暴力――宗教経験における負の感情の浄化のワザに関する総合的研究」（基盤研究A）をさらに四年間推進していく中で、オウム真理教事件と酒鬼薔薇事件の問題、言い換えると宗教的修行と教育の問題、ひいてはスピリチュアリティと教育の関係をさらに深く学術的に究明していきたい。その第一弾として、前掲『身心変容技法研究』第五号（二〇一六年三月刊）に、「身心変容技法と霊的暴力――宗教経験における負の感情の浄化のワザに関する総合的研究」と題する論考を掲載し、そこでオウム真理教事件と法輪功問題を考察した。

終章　スサノヲの到来

二〇一四年九月から始まった「スサノヲの到来展」が、足利市立美術館、ＤＩＣ川村記念近代美術館、北海道立函館近代美術館、山寺芭蕉記念館、渋谷区立松濤美術館の五ヶ所で大反響を巻き起こしながら、二〇一五年九月、無事に大変有意義な形ですべて終了した(1)。

スサノヲは爆発であった。それは、泣き虫の爆発であり、甘えん坊の爆発であり、きかん気の爆発であり、暴れん坊の爆発であった。

またスサノヲはスキャンダルであった。アウトローであり、バガボンドであり、ヒッピーであり、ヒーローであった。八頭八尾の八俣大蛇を退治することのできたスサノヲ自身が八頭八尾的怪物体でもあった。異相の怪物神スサノヲ。

この多面多層体のスサノヲ神話は、確かに、折口信夫の言う貴種流離譚のプロトタイプである。

振り返ってわが人生を通観してみると、そのスサノヲとの遭遇の繰り返しであった。まず、「オニ（鬼・大人）」を見ることから始まったわが人生で、初めて大きな社会発信をしたのが、一九七〇年五月、十九歳の時に、大阪の心斎橋で一ヶ月間『ロックンロール神話考』なるアングラ劇を作演出したことにあった。

その音楽詩劇は、神代のイザナギ・イザナミの夫婦神がたくさんの国生み・神生みをしたにもかかわらず、わが子の行く末がどうなっているのか消息を摑めず、「天気も死んでしまった」（この劇は、「みなさん天気は死にました」という狂言回しの天気予報官の告知から始まる）ために、わが子を探しに行く旅に出るところから始まる。一方、現代の少年少女探偵団は、自分の家には父母がいるにもかかわらず、「本当のお父さん・お母さんがどこかにいるはずだ」という強迫観念に取りつかれて、真の父母探し《ちちははさがし》の旅に出る。神代からのベクトルと現代からのベクトルが時空交錯し、激発するさまざまな事件・事故・事態に遭遇して、すべてのいのちが途絶えてしまったかに見えたところで、天岩戸開きのように、甦り（黄泉帰り）の兆しが現れるという暗示で、この劇は終わる。

今から考えると、それは、「海原を治めよ」という「父」イザナギの言いつけを聞かず、「母（妣）」を恋い慕って啼きいさちっていたスサノヲの末裔探しと、末裔の生の淵源を遡及する旅の再構築であったかのように思えてくる。

その後、言霊や神話や神道の研究に赴いたわたしの前に立ちはだかったのが、独自の贖罪的救済論的スサノヲ論を展開した出口王仁三郎であり、折口信夫であった。わたしが一般メディアの雑誌に初めて書いた論文はスサノヲ的エロス論の「神話的創造力と魂の変容——出口王仁三郎と折口信夫をめぐって」（『現代思想』一九八三年十月号、青土社）で、その論考を冒頭に収めたのが最初の論文集『神界のフィールドワーク——霊学と民俗学の生成』（創林社、一九八五年）であった。第二作目の論著『翁童論——子どもと老人の精神誌』（新曜社、一九八八年）の最後に収めた論考も長文の「スサノヲ論」[2]で、その後も折に触れてスサノヲ論を書き継いだ。そして最新の論著『歌と宗教——歌うこと、そして祈ること』（ポプラ新書、二〇一四年）も、『古事記』で最初に歌（短歌）を謡った神スサノヲの神話を再解釈したものである。かくのごとく、スサノヲと共に歩む研究人生であった。

研究面だけではなく、私生活の方でもスサノヲに遭遇し続けた。進学した國學院大學の隣には、渋谷で最も古いとされるスサノヲ神を祀る氷川神社があった。その大学で出逢い結婚した相手の家は埼玉県大宮市櫛引町の櫛引氷川神社の氏子であった。『新編武蔵風土記稿』には、同社の祭神は「素戔嗚尊・奇稲田姫尊」とあり、櫛引町の地名は、素盞嗚尊と奇稲田姫尊が出雲国からやって来た時に、当地で休み、素盞嗚尊が奇稲田姫尊の髪を櫛で整えたことに由来するとされている。やがてそこでわたしは「マスオさん」となって妻の両親と子どもとの三世代家族を営むことになり、正月はもちろん、折りに触れて地元の櫛引氷川神社と徒歩三十分のところにある武蔵国一宮の氷川神社に参拝し、一九九七年、大宮市立大成中学校のＰＴＡ会長を務めていた時に起こった「酒鬼薔薇聖斗事件」に遭遇して、その一年後にスサノヲの命を受けて（と本気で思っている）「神道ソングライター」となり、恥も外聞もかなぐり捨てて歌を歌い始め、この十七年間で約三〇〇曲、作詞作曲し、歌っている。

そして現在、京都市左京区に住んでいるが、地元一乗寺の神社である八大神社も鷺森神社もともにスサノヲ神を祀っている。このように、わが人生の行く先々にスサノヲノミコトが待ち受け、大きく立ちはだかり、わたしを「楽しい世直し」に促し続けるのである。

実際、わたしの住む京都東山連峰の麓は、八坂神社（祇園社）を中心にして、スサノヲネットワークでひしめいている。その八坂神社は牛頭天王とスサノヲが習合している、古くは祇園感神院と呼ばれた極めて複雑で特異な神仏習合の社である。スサノヲの習合のさまはしかし複雑で、牛頭天王のみならず武塔神との習合も伝承されている。

神祇権大副卜部兼方の著した『釈日本紀』には「備後国風土記」の逸文が引用されているが、そこにスサノヲ＝武塔神と蘇民将来のことが記されている。「備後国の風土記に曰はく、疫隈《えのくま》の国社。昔、北の海に坐しし武塔神、南の海の神の女子をよばひに出でまししに、日暮れたり。彼所《かしこ》に蘇民将来・巨旦将来といふ二人在《す》みき。兄の蘇民将来は甚《いと》貧窮《まづ》しく、弟の将来は富饒みて、屋倉一百ありき。ここに、武塔の神、宿処《やどり》を借りたまふに、惜しみて貸《か》さず、兄の蘇民将来惜し奉りき。すなはち、粟柄をもちて座《みまし》とし、粟飯等をもちて饗《あ》へ奉りき。既に畢《を》へて出でまし後に、年経て八柱の子を率て還り来て詔りたまひしく、『我、将来の為報答《むくい》せむ。汝が子孫その家にありや』と問ひ給ひければ、蘇民将来答へて申さく、『己が女子と斯の婦と侍り』と申しき。即ち詔りたまひしく、『茅の輪を以て腰の上に著《つ》けしめよ』と詔りたまふまにまに著けしむるに、即夜《そのよ》に蘇民と女子二人とを置きて、皆悉にころしほろぼしてき。即ち詔りたまひしく、『吾は速《はや》須佐能雄能神《すさのをのかみ》なり。後の世に疾気《えやみ》あらば、汝、蘇民将来の子孫と云ひて、茅の輪を以ちて腰に着けたる人は免れなむ』と詔りたまひき。」

各国の「風土記」が編纂された奈良時代のものがそのまま卜部兼方の『釈日本紀』に引用されているかどうか疑問ではあるが、兼方が生きていた鎌倉時代中期にはスサノヲと武塔神が同一神として習合されていた。このような習合の形もまたスサノヲの「爆発」であり、貞観大地震のあった貞観十一年（八六九）に、各国の怨霊退散、災難除け、厄除けとして始まったとされる「祇園御霊会」としての祇園祭もまた、もう一つのスサノヲの「爆発」である。

足利市立美術館での「スサノヲの到来展」は、そのようなスサノヲの変幻自在の「習合」のさまが「爆発」していた。ここには確かに「スサノヲの到来」があった。スサノヲの「顕現」と「爆発」があった。縄文時代から現代、未来までをも貫く「スサノヲ的なるモノ」、「スサノヲ・スピリット（霊性）」、「スサノヲ・マインド（心）」、「スサノヲ・ボディ（身体）」が炸裂した「スサノヲ・マンダラ」展。多様なるスサノヲが到来し、一堂に会した「スサノヲの宇宙」展。

そこでは、スサノヲが歌い、踊り、祈り、嘆き、流浪している。日本最初のマザコン不良神スサノヲが。歌舞音曲の神スサノヲが。フーテン・ヒッピー・バガボンド・ジプシーたちの神スサノヲが。巡遊伶人たちの祖スサノヲが。爆発する神スサノヲが躍動していた。

そのスサノヲがさまざまな顔をもって到来し、降臨し、湧出する。スサノヲ花火が次々と炸裂して止まぬ「スサノヲの爆発」。

この「スサノヲの到来展」で最も古いものは縄文時代の土偶や土器であった。入口近くに、井戸尻考古館所蔵の縄文中期藤内期の曽利遺跡から出土した人面香炉形土器があった。これは灯心に火を点して光源にした縄文時代の照明具として用いられたと考えられているが、井戸尻考古館独自の大胆な図像解釈学では、表はイザナミの神で、裏・背面はイザナミのもう一面である「黄泉津大神」であるとする。つまり、生のイザナミと死のイザナミという対比・対照として解釈するのだ。その際、土器自体が女神の胎内と見立てられる。確かに、表は穏やかな表情の女性の人面、裏は一転して大変おどろおどろしい髑髏と蛙の形態。そのとてつもなくパワフルでダイナミックな造形に圧倒される。

問題は表の人面ではなく、裏・背面である。それは、髑髏の顔であると同時に蛙が手指を伸ばして背中にかきついているように見える。同時にそれは火神カグツチにも見える。イザナミは、火の神カグツチを産んだために女陰が焼かれて病み衰えて死に、黄泉国にみまかった。だが、生まれたばかりのカグツチはすぐに父イザナギに切り殺されてしまう。愛しい妻を死なせて嘆き悲しみ怒りに狂った父イザナギによって、カグツチは生まれたばかりで切り殺されてしまうのだ。

その火神カグツチは、父イザナギに追放された、母イザナミを恋い慕って顎鬚が胸先に垂れ落ちる年まで泣き叫んでいたスサノヲの兄貴分であり、先達モデルである。『古事記』の神話宇宙の中ではカグツチはスサノヲに化身として継承されている。カグツチがスサノヲに変容して母の哀しみを爆発させ、恨みを晴らす。スサノヲは母イザナミと兄カグツチの二重の怒りと悲しみを背負って生まれてきた、といえる。

展覧会の全体は次のような八つの章とコーナーに区切られていた。

序章「日本神話と縄文の神々」／第一章「神話のなかのスサノヲ」／第二章「スサノヲの変容」／第三章「うたとスサノヲ」／第四章「マレビトたちの祈りとうた」／第五章「平田篤胤の

異界探求」／第六章「スサノヲを生きた人々――清らかないかり（田中正造・南方熊楠・折口信夫）」／第七章「スサノヲの予感」の全七章である。

ほぼ歴史的な時系列に従って展示されているが、そこに顕在化する霊性をも示す章立てになっている。神話的想像力が増殖し炸裂した章立てでありキュレーションである。一年かけて関東以北の五つの美術館を巡回している間に、多くの人がこの「スサノヲの到来」を理解するようになった。なぜかと言うと、『古事記』の中で父神イザナギに「海原を治めよ」と明示されたスサノヲは水の惑星である地球の化身であり、地球の叫びであるからだ。生まれてからこのかた、ずっと母を恋い慕って啼きいさちっていたスサノヲはポセイドンにも似た「水の惑星」の神である。わが「親分」スサノヲは地球そのものだから。

さてわたしがこの「スサノヲの到来展」で再会したのが神道家・金井南龍の絵画であった。生前、「さすらの会」を主宰していた神道家の金井南龍に一度か二度会ったことがある。友人の天才舞踏家の神領國資の神道の師だったからでもあり、心霊研究家の盟友・梅原伸太郎の知り合いでもあったからだ。そこで梅原伸太郎の紹介で大井町で行なっていた「さすらの会」に参加した。三十五年以上も前のことだ。

その金井南龍が絵を描いていたことはもちろん知っていた。神領の師匠の金井南龍の作品が「スサノヲの到来展」に九点（「妣の国」「龍宮城の花火」「昇り龍　降り龍」「江の島霊験記」「高千穂と山王龍」「瀧水観音の瀧」「富士諏訪木曽御嶽のウケヒ」「秋の彼岸の中日に七面山より富士山頂からの御来光を仰ぐ」「秩父　清浄の瀧」）展示されているのを観て、「さすら」の会の「サスラ」の意味世界が今日的な形で浮かび上がってきた。そこに描かれている富士山や浅間山や霧島・高千穂の峰や御嶽山がすべて噴火していたからでもある。

金井南龍の隣に、「芸術は爆発だ！」の発言で知られる岡本太郎の作品「装える戦士」が架けられていたが、金井南龍の神界「マンダラ」的な宇宙のインパクトには及ばない。「スサノヲの到来展」では、爆発力は岡本太郎よりも神道家・金井南龍の方が上を行っていた。

「スサノヲの到来展」の爆発。スサノヲ＝地球の叫び。その声が木霊し交響する「一大スサノヲ交響曲」がこの展覧会で炸裂していた。

その最後の展示は、二〇一五年八月八日から九月二十一日まで渋谷区立松濤美術館においてであった。二〇一五年九月六日、同美術館でわたしは「スサノヲと場所の力——渋谷の地と氷川神社とスサノヲのコスモロジー」と題して講演した。定員百名のところ、二五〇名ほどの人が来て、会場に入れず、立ち見や外で講演を聴いてくれた。こんなことは初めての経験だったが、文字通り「スサノヲの到来展」の名称通り、暴風の神スサノヲの最後を飾る大暴風が渋谷の街を吹き荒れたともいえる。

先に述べたように、わたしは最初の論集『神界のフィールドワーク』の巻頭論文で、出口王仁三郎と折口信夫のスサノヲ観を論じていた。「二つの電極、一つの電流／二つの霊魂学／霊主体従原理とタマ・カヒ原理——鎮魂の技法／トリックスター即レトリックスター——スサノヲ的エロス／恋＝声なる言葉——言霊のちから」と題する全五節で、トリック〜レトリックスターであるスサノヲ神のエロスと創造力について自説を展開した。

わたしが考える「世直し・心直し」とは「創造性の渙発」に他ならないが、まさにこの「創造性の渙発」こそがスサノヲの辿った道であり、「スサノヲ力」の発現であった。その意味で、「スサノヲの到来展」は日本人の創造性の根源と展開を喚起し再確認する一大イベントであった。

関東一円に氷川神社は約二二〇社鎮座している。氷川神社という名をもつ神社は、東京都で五九社、埼玉県では一六二社、神奈川県には川崎市に一社、千葉県に一社、茨城県、栃木県にそれぞれ二社、北海道に一社、合計二二二社である。

氷川神社が埼玉県に一番多い理由は、「荒川」があるからだ。「荒川」と名付けられるほど荒ぶる暴れ川であった荒川をコントロールすることが、関東平野の開拓と安定には不可欠であった。その「荒川」というちはやぶる神の川として「ヒカハ」の名が付けられた。「ヒカハ」とは「霊川」であり「日川」でもあったはずだ。海川を荒らしたり和ませたりする風力や水力を持つエネルギー神スサノヲは農耕開墾の神としても大いなる力を発揮し、特に荒川流域に「ヒカハ神」(氷川神)として祀られることになった。

先にも触れたが、わたしは二〇〇三年に京都に移ってくるまで、一九九一年から十二年間埼玉県大宮市櫛引町に住んでいた。その地域の産土神社は「櫛引氷川神社」であった。この神社の神職を務めたのが「渋谷」氏であったが、渋谷氏は櫛引町一帯の地主であった。興味深いのは、ここに地主神もしくは客人神として荒脛社《あらはばきしゃ》が祀られていたことである。この関東から東北にかけて分布し、伝承されるアラハバキ神とスサノヲ神との関係も考察に値する重要な一項である。

また「渋谷」という地名と場所の形態も一考に値する。現在渋谷駅前のスクランブル交差点やガード下を起点に、道玄坂、宮益坂、桜坂とか、ＮＨＫに向かう坂やパルコ前のスペイン坂などなど、「渋谷」には極めて坂が多い。今は暗渠となっているが、渋谷駅のすぐそばを「渋谷川」が流れていて、そのあたりが一番低い地形となり、そこに四方八方の「谷」と「坂」から水が流れ落ちていた。そのため、渋谷川周辺は坂と谷が多く、あたかも「ヤマタノヲロチ（八俣大蛇）」のようであった。加えて、この渋谷川周辺は赤土の渋谷粘土層である上に、上流には関東ローム層の赤土があり、それにより水に溶ける鉄分が多いために赤茶色（渋色）となり、「渋谷川」の名前が付けられた。渋谷周辺の井戸水の鉄分含有量は全国平均の二四倍であると言われているから、相当なものだ。そのような谷の多い渋い水の豊富な「ヤマタノヲロチ」のような場所にスサノヲ神を祀る氷川神社が勧請されることになったのは必然であった。

東京都渋谷区東二丁目五番地六号にある渋谷氷川神社には、現在、素盞嗚尊・稲田姫命・大己貴尊・天照皇大神が祭神として祀られている。國學院大學は渋谷区東四丁目十番地二十八号に立地しているのだが、バス通りを挟んで渋谷氷川神社が國學院大學に隣接して鎮座しており、神社の森を抜けて明治通りの方に降りていくと、左手に東二丁目の郵便局がある。学生時代にそこで郵便局のスタンプを押してもらった時、「渋谷東二」と押印されたのに驚き、女子局員に思わず「僕は『鎌田東二』です！」と叫んで大笑いになった。

また渋谷区渋谷三丁目五番十二号には、渋谷氏の産土神社であった渋谷で一番古い神社と考えられる渋谷金王八幡神社が鎮座している。祭神は応神天皇（品陀和気命）だが、ここに渋谷氏の武将「渋谷金王丸」も祀られている。その渋谷金王丸は、わが祖先の鎌田正清と同じ源義朝の家臣で、共に平治の乱（一一五九年）を戦い、源義朝と鎌田正清は死に、渋谷金王丸はかろうじて生き延び、渋谷村に戻った。

渋谷金王丸は一一五六年に起こった保元の乱では、源義朝の乳兄弟で一の家臣であった鎌田正清とともに義朝に従い功績をあげるが、三年後に起きた平治の乱で源義朝は平清盛に敗れ、東国に逃げ延びる途中に立ち寄った尾張国野間の、鎌田正清の妻の実家の長田忠致の館で騙し討ちにあい、義朝と正清は殺された。が、渋谷金王丸は生き延び、京に上って源義朝の愛妾の常磐御前（義経の母）に義朝の死を告げ、その後、武蔵国の渋谷村に帰って剃髪し、土佐坊昌俊と名乗り義朝の御霊を弔ったと、『平治物語』などには記されている。金王八幡宮に伝わる「毒蛇長太刀」は、野間の長田の戦いで「鉾先に向かいその刃風に触れる者生きて帰る者なし、鰐口は遁れるとも毒蛇の口は遁れ難し」といったことにより名付けられたという、いわくのある太刀である。幸若「鎌田」には、源義朝と鎌田正清の最期と渋谷金王丸の生き延びた経緯が生々しく描き出され、詠われている。(3)

渋谷金王八幡神社境内にある「金王丸御影堂」には、十七歳出陣の際の像が母への形見として残されている。そもそも、寛治六年（一〇九二）に渋谷の地に渋谷城を築いて渋谷氏の祖となったのが川崎基家（渋谷重家）とされる。社伝では、その渋谷重家に子どもがおらず、八幡宮に祈願を続けていたら金剛夜叉明王が妻の胎内に宿る夢を見、その後、男子が生まれたので、「金剛夜叉明王」の最初と最後の文字を取って「金王丸」と名付けたという。

わたしが國學院大學で学んだことは偶然であるとしても、先祖の因縁を考えれば単なる偶然とは思えない深い縁を感じる。その渋谷の地の渋谷区立松濤美術館で行なわれた「スサノヲの到来展」で、「スサノヲと場所の力」と題して講演するに至ったのだから、感慨無量のものがあったことは事実である。

沖縄県南城市玉城町に「垣花樋川《カキノハナヒージャ》」という名水百選に選ばれている湧水がある。この「ヒージャ」が本土の「ヒカワ」とどうつながるのかも興味深い問題の一つであるが、わたし自身は、今の時代を「スサノヲの時代」と捉え、その特徴を次の三つに見ている。

（一）「いのち」の根源に立ち返っていく時代。

（二）スサノヲは大海原という地球のバイオリズムやバイタリズムを象徴し体現する神であるから、スサノヲの時代とは地球的・惑星的意識が共有される時代。

（三）スサノヲが八俣大蛇を退治し、歌を歌い、天詔琴を弾じたように、スサノヲの時代とは、魔物・モンスターに立ち向かい、人々の身心変容をもたらすワザを開発・活用する時代。

激動する「乱世」的な「大中世的現代」にあって、各地を放浪し、悲哀やスピリチュアルペインにのたうちながら、怪物ヤマタノヲロチを退治し、清明で躍動的ないのちの讃歌を歌う。そんな「スサノヲ力」の「爆発」によって「スサノヲの時代」の「到来」を招来するのだ。「スサノヲの到来」展は、それを観た者に「世直し」的な躍動と創造をもたらさずにはいない。神話は架空のものでも過去のものでも単なる虚構でもない。神話はいのちそのものである。そのいのちの歌から「世直し」に向かう原動力を汲み出すことも可能なのだ。スサノヲはそのようにメッセージし続けている。

スサノヲは母イザナミの持つ「負の感情」を継承し、それを浄化し解決した出雲神道譜の最初に位置する神であり、歌を最初に歌った神であり、神託を受け取り、神楽演奏に必要な「天詔琴」の第一所有者であり、言霊を司る神であった。

そのスサノヲの凄まじい泣き声が歌に変調され、神の言葉を感受する天の琴の演奏を生み出す。まさにトリッキーで文化英雄的な芸能神として躍動する神であった。スサノヲは「翁童神」の原像であり、「翁童身体」を持つ、破壊もするが創造し遊楽する身体である。スサノヲは泣き悲しむ神であり、笑い破壊する神であり、二度も追放された貴種流離する敗者の神であるがゆえに、その痛みと悲しみを元に怪物退治と歌の創造に転位し身心変容することができた。

このスサノヲの文化創造神としてのはたらきを近代に継承し再活用したのが、神道系新宗教の大本の出口王仁三郎であり、折口信夫であった。その出口王仁三郎は「芸術は宗教の母」と主張し、自分たちの宗教芸術運動を「スサノヲの道」と称した。出口王仁三郎は近代における「翁童身体」の体現者であり、トリックスターであった。

日本文化においてもっとも日本的な芸能・芸術形式といえる能はイザナミの負の感情を引き継ぎ、死を媒介とした天の岩戸の前の「祭り」や「神懸り」から始まる。そのすべてにスサノヲが関与し媒介している。「祭り」も「神楽」も、その起源においても現在相においても、「死と再生」を志向し、『平家物語』などに多くの題材を採る能も、死によって怨霊化した霊を慰める鎮魂劇を核としている。その能（申楽）の「翁」「千歳」「三番叟」の三者関係も、スサノヲ的翁童身体の変奏、すなわち創造と破壊と祝福と笑いである。

「3・11」の大惨事を経験したわたしたちは、日本の神話的創造力の根源をなす「スサノヲの力」をもう一度「爆発」させることができなければ、この混迷と闇を突破することはできないであろう。その「スサノヲの力」の「爆発」を「世直し」の原動力として引き出し、歌い続けたい。

（1）「スサノヲの到来展」の開催趣旨は以下の通りである。「大地を揺るがし草木を枯らす荒ぶる魂と、和歌の始祖としての繊細な美意識を兼ねもつスサノヲ。スサノヲは地震や雷、嵐といった破壊的イメージとして表象されますが、同時に既存のものを原点にもどし、新しい世界を開くはたらきとして想起されます。破壊と創造、猛々しさと繊細さといった相反する性格を合わせもつスサノヲは漂泊の神でもあり、日本人の深層に潜み、その潜在意識を支配しています。ときとしてスサノヲは天災として顕現しますが、見落としてはならない点は芸術家に霊感をあたえるその力です。本展は、スサノヲの多面的な性格を探ることによって日本人の深層に迫るものです。和歌の始祖としてのスサノヲのはたらきを具現する出口王仁三郎と大本歌祭、ならびにスサノヲに始まる漂泊の精神の体現者としての西行法師や松尾芭蕉、円空らを通じて、うたとさすらいにより成就される祈りや表現を探ります。それとともに、異界を探求した平田篤胤の軌跡を辿り、彼によって提唱された幽冥界を訪ねることにより夜見国とその統治者としてのスサノヲを考察します。さらには、古層の神と感応して作品を遺した岡本天明・金井南龍、また現代作家の作品を一堂に会することにより、彼らの創造する感性にスサノヲに通じる自由な精神の発露を見出そうとするものです。」

（2）『翁童論』には次のように書いた。「スサノヲが智慧と残虐、あるいは無垢と暴力、あるいは荒魂と和魂という一見相反するかにみえる両極の双結者であることは、すでにくりかえしのべたとおりである。このようなスサノヲの双結生がつねに笑いや朗らかな諧謔とともにあることを私は興味深く思っている。スサノヲの暴力性や残虐さは、笑いや諧謔あるいは荒唐無稽さや滑稽さによって柔らかにたわめられている。スサノヲには、根源的なヴァイオレンスと清明さ・純心があるが、それはエロスの二面性である。このヴァイオレンスは、（一）声のヴァイオレンス—泣きいさちる、（二）行動のヴァイオレンス—勝さび、オホゲツヒメ殺害、（三）試練のヴァイオレンス—オホナムヂへの難題、という三つの位相があり、それはやがて、（一）和歌の創始—詩人の力、（二）オロチ退治—勇敢な戦士の力、（三）神名の授与—導師の叡智、という昇華された力と智慧に変容（メタモルフォーゼ）する。荒魂・和魂・幸魂・奇魂という一霊四魂のはたらきが、この自己神化—自己変容の過程にあますところなく示されている。スサノヲの魂はつねにエロス的な想像力—創造力によって賦活され、一刻もやすむことなく自己変容を遂げている。その軌跡はあくことなく遊戯しつづける幼童のように軽快だ。このスサノヲの軽快さや愉悦をことのほか重視し、かつまた愛好したのが、出口王仁三郎である。そのスサノヲの陽性に対して、遺棄された神童として「妣の国」を恋慕して泣きすさび、父に追放されて漂泊の旅をつづける悲傷性や陰性に着目し、おのれ自身を重ね合せた人が、折口信夫であった。しかしながら、スサノヲの霊性をその一方に固定することは不可能である。」

（3）幸若「鎌田」（関大本）には次のような一節がある。「鎌田の次郎（正清）は、双ひもなき剛の者。童に渋谷の金王丸は、弓矢を取て名人となを得たるほとの者にてあり。」

あとがき

二〇〇八年四月、わたしはそれまで勤めていた京都造形芸術大学から、設立されて一年経ったばかりの京都大学こころの未来研究センターに移った。それから八年、「楽しい世直し」と「こころの未来」について考え続け、そこに投与できる自分自身の思いとアイデアとワザを追求し続けてきた。そして、八年を経て、定年退職する時期に一つの「決算報告」のような思いで本書を刊行する。

わたしは四十年以上、宗教哲学・民俗学・日本思想史・比較文明学などの学問諸領域を領域横断的に研究してきた。この間に、その時々の「研究成果」とも呼べない「中間報告」の本を何十冊か出してきた。そこにいくらか「注魂」してきた気持ちもある。

本書『世直しの思想』は、その延長線上にある「中間報告」であることは間違いないが、しかし、六十五歳の「定年退職」という人生の節目に当たって、単に「中間報告」では終わらない「決算」の気持ちが入っている。

アメリカ先住民は「七世代先のことを考えて行動する」とよく言われるが、わたしたちも先人の仕事を受け継ぐ（歴史・伝統）と同時に、それをてことしつつより豊かに展開し未来に接続する責務を持つ。少なくとも、孫やひ孫の代や百年先のことまでイメージし視野に入れつつ、未来からのバックキャスティングをしながら現在を創造し、生き抜かねばならないと思うのだ。

そうした「未来」からのバックキャスティングをすればするほど、気象変動・地球環境問題、食糧問題、人口問題、少子高齢化問題、基地問題、原発問題などに対処が必要だと思えてくる。今日、気象や地震・火山活動を含め、地球全体が大変動期を迎えているように思える。考えの及ばない「想定外」が次々と起こりうる近未来の中で、わたしたちの生存と生活を考え、その中で生きていかなければならない。「想定外」の不測の事態に立ち至った時に、生存の喫緊の最小必要資源となるのは、まずは水と食糧とそれを運搬する交通網であり、そうしたライフラインの確保と持続的配給である。

二十一世紀最大の問題は、間違いなく地球環境問題である。人類が生物界の一員である限り、その生存は地球環境に依存している。空気・水・太陽光（熱）などの物質的基盤と空・海・山・川などの天文・地質・地形・生態系などの具体的形態なしに人類の生存はない。今後起こってくる可能性のある地震・津波・台風・洪水・火山噴火・疾病など、自然災害多発地帯である列島における「平安都市」の方策と地域間協働のあり方を模索しなければならない。

日本列島は、西からユーラシアプレート、北から北米プレート、東から太平洋プレート、南からフィリピン海プレートが張り出し、列島の下および周辺の海底で重なり合い、沈み込み合っている。その地質学的プレートの多様性が、地形の複雑多様性や生物多様性を生み出す基盤となっている。そしてその上に、文化的・文明的多様性が花開き、「神神習合」や「神仏習合」や「神儒仏習合」の「諸宗教共働」も生まれてきた。その特質と歴史をよく検証し、「楽しい世直し」と「こころの未来」に活かしていくことが、わたしたちの義務であると思っている。そのためにも、「心直し」と「世直し」を誤まつことなく創造的に接続しなければならない。

だがそこで、進行し続ける少子高齢化問題。近い将来、間違いなく日本の人口は減少していく。人口構成は少子高齢化がどの国よりも進む。これまでの人類社会が経験したことのないような未曾有の超少子高齢化社会にすでに突入している中での、都市づくり・国づくりを構想しなくてはならない。

医療管理学・公衆衛生学・医療人類学を専攻する医師の長谷川敏彦は、日本近代の流れを、①土地とりゲーム（明治維新：軍事大国）——外からの脅威：外国に合わせて国を作る、②金とりゲーム（昭和敗戦：経済大国）——すべての破壊から：仕事に合わせて人を作る、③年とりゲーム（平成転換：高齢大国）——人に合わせて社会をつくる、という三段階の大変化と捉え、未曾有の少子高齢化社会を乗り越えていく道と方法を問題提起している。

長谷川敏彦の提唱する解決策は、端的に言えば、増大する高齢者層の再教育と再活用であるが、「成人式」の先に第二のイニシエーションである「成老式」をもうけ、日本社会に高齢者を活かした「第二の産業革命」を起こして持続可能な日本社会を作り上げる必要を説いている。そのような「第二次産業革命」が可能であるとしても、そこには、持続可能な「自然に対する深く慎ましい畏怖・畏敬の念に基づく、暮らしの中での鋭敏な観察と経験によって練り上げられた、自然と人工との持続可能な創造的バランス維持システムの技法と知恵」である「生態智」がなくてはならない。

わたし自身は、ひとまず「定年」を迎えたわけだが、引き続き、四十年近く提唱してきた「翁童論」の延長線上に、「翁媼童ビレッジ」という「国づくり（地域づくり・地元づくり）」に参画して、「楽しい世直し・心直し」のために、非力ではあるが少しでも役割を果たしたいと思っている。

本書は、わたしがこころの未来研究センターに移動した二〇〇八年以降に、いろいろな雑誌などに寄稿してきた論考やエッセイを、「世直し」というテーマに沿って新たに改稿し編成し直し、大部の書き下しの論考を加えて成ったものである。各論起稿の際にお世話になった編集者の方々にお礼申し上げたい。

最後に、八年間お世話になった京都大学こころの未来研究センターの吉川左紀子センター長、河合俊雄副センター長を始め、同僚、スタッフ、関係各位に心から感謝申し上げたい。この四年間、研究活動を助成していただいた公益財団法人上廣倫理財団にもお礼申し上げたい。また、この十八年間、同志として仲間として活動を続けてきたＮＰＯ法人東京自由大学のメンバーにも本当にありがとうと伝えたい。

そして、二十年以上、遅々とした歩みしかできないわたしを励まし、本を出すことを促し続けてくれた春秋社の佐藤清靖編集長と、神田明会長、澤畑吉和社長にも甚深の謝意と敬意を表したい。

飛ぶならば飛べ地の果てまでも　たとえ身は朽ちはて墜落せしとも

二〇一六年一月十日

鎌田東二

参考文献

『新校本　宮沢賢治全集』全一六巻、筑摩書房、一九九五〜二〇〇一年
『柳宗悦全集』全二二巻、筑摩書房、一九八〇〜一九九二年
『復刻版　出口王仁三郎全集』全八巻、天声社、一九九八〜一九九九年（初版一九三四年）
『出口王仁三郎著作集』全五巻、読売新聞社、一九七二〜一九七三年
『石牟礼道子全集』全一八巻、藤原書店、二〇〇四〜二〇一三年
『中村　元選集別巻6　聖徳太子』春秋社、一九九八年
池田士郎『中山みきの足跡と群像——被差別民衆と天理教』明石書店、二〇〇七年
稲場圭信『利他主義と宗教』弘文堂、二〇一一年
井上ウィマラ・藤田一照・西川隆範・鎌田東二『仏教は世界を救うか』地湧社、二〇一二年
奥野修司『不登校児　再生の島』文藝春秋、二〇一二年
玄侑宗久『無常という力——「方丈記」に学ぶ心の在り方』新潮社、二〇一一年
玄侑宗久『福島に生きる』双葉新書、双葉社、二〇一一年
玄侑宗久『地蔵のこころ　日本人のちから』佼成出版社、二〇一二年
玄侑宗久＋鎌田東二『原子力と宗教——日本人への問い』角川ＯＮＥテーマ21、角川学芸出版、二〇一一

二年
佐々木潤之助『世直し』岩波書店、一九七九年
島薗　進『精神世界のゆくえ――現代世界と新霊性運動』東京堂出版、一九九六年
島薗　進『日本人の死生観を読む――明治武士道から「おくりびと」へ』朝日選書、朝日新聞出版、二〇一二年
須藤義人『久高オデッセイ――遥かなる記録の旅』晃洋書房、二〇一一年
鳥山敏子『いのちに触れる――生と性と死の授業』太郎次郎社、一九八五年
鳥山敏子『からだが変わる　授業が変わる』晩成書房、一九八五年
鳥山敏子『生きる力をからだで学ぶ』トランスビュー、二〇〇一年
星野　紘『過疎地の伝統芸能の再生を願って――現代民俗芸能論』国書刊行会、二〇一二年
鎌田東二『神界のフィールドワーク――霊学と民俗学の生成』青弓社、一九八五年
鎌田東二『翁童論――子どもと老人の精神誌』新曜社、一九八八年
鎌田東二『老いと死のフォークロア――翁童論Ⅱ』新曜社、一九九〇年
鎌田東二『記号と言霊』青弓社、一九九〇年
鎌田東二『宗教と霊性』角川選書、角川書店、一九九五年
鎌田東二『エッジの思想――翁童論Ⅲ』新曜社、二〇〇〇年
鎌田東二『翁童のコスモロジー――翁童論Ⅳ』新曜社、二〇〇〇年
鎌田東二『ウズメとサルタヒコの神話学』大和書房、二〇〇〇年

鎌田東二『宮沢賢治「銀河鉄道の夜」精読』岩波現代文庫、岩波書店、二〇〇一年
鎌田東二『平田篤胤の神界フィールドワーク』作品社、二〇〇二年
鎌田東二『神道とスピリチュアリティ』作品社、二〇〇三年
鎌田東二『呪殺・魔境論』集英社、二〇〇四年
鎌田東二『霊性の文学誌』作品社、二〇〇五年
鎌田東二『霊的人間――魂のアルケオロジー』作品社、二〇〇六年
鎌田東二『聖地感覚』角川学芸出版、二〇〇八年（角川ソフィア文庫、二〇一四年）
鎌田東二『神と仏の出逢う国』角川選書、角川学芸出版、二〇〇九年
鎌田東二『超訳　古事記』ミシマ社、二〇〇九年
鎌田東二『現代神道論――霊性と生態智の探究』春秋社、二〇一一年
鎌田東二『古事記ワンダーランド』角川選書、角川学芸出版、二〇一二年
鎌田東二『「呪い」を解く』文春文庫、文藝春秋、二〇一三年
鎌田東二『歌と宗教――歌うこと。そして祈ること』ポプラ新書、ポプラ社、二〇一四年
鎌田東二企画・編『講座スピリチュアル学』全七巻、ＢＮＰ、二〇一四～二〇一六年
鎌田東二『世阿弥と身心変容技法』青土社、二〇一六年

鎌田東二（かまた　とうじ）
1951年徳島県生まれ。國學院大學文学部哲学科卒、同大学院神道学専攻博士課程修了。岡山大学大学院医歯学総合研究科社会環境生命科学専攻単位取得退学。現在、京都大学こころの未来研究センター教授、NPO法人東京自由大学理事長。博士（文学）。宗教哲学、比較文明学、民俗学、日本思想史、人体科学など多様な学問を自在に横断する鬼才。石笛・横笛・法螺貝奏者。神道ソングライター。著書に、『神と仏の精神史』（春秋社）『神界のフィールドワーク』（青弓社）『翁童論』四部作（新曜社）『謎のサルタヒコ』（創元社）『宗教と霊性』（角川選書）『神道のスピリチュアリティ』（作品社）『神と仏の出逢う国』（角川学芸出版）『超訳古事記』（ミシマ社）『現代神道論』（春秋社）『古事記ワンダーランド』（角川学芸出版）『歌と宗教』（ポプラ社）『講座スピリチュアル学』全七巻（編著）（BNP）『世阿弥と身心変容技法』（青土社）ほか多数。

世直しの思想
二〇一六年二月二十一日　第一刷発行
著　者　鎌田東二
発行者　澤畑吉和
発行所　株式会社　春秋社
東京都千代田区外神田二―一八―六（〒一〇一―〇〇二一）
電話（〇三）三二五五―九六一一　振替〇〇一八〇―六―二四八六一
http://www.shunjusha.co.jp/
印刷所　萩原印刷株式会社
装　丁　美柑和俊
定価はカバー等に表示してあります。

ISBN978-4-393-33342-6